HORIZONTES TERRESTRES

mud on wall / *barro sobre parede*

c 21 cm x 5000 cm

ESPM PORTO ALEGRE, BRAZIL

NICK RANDS, MARCH 2017

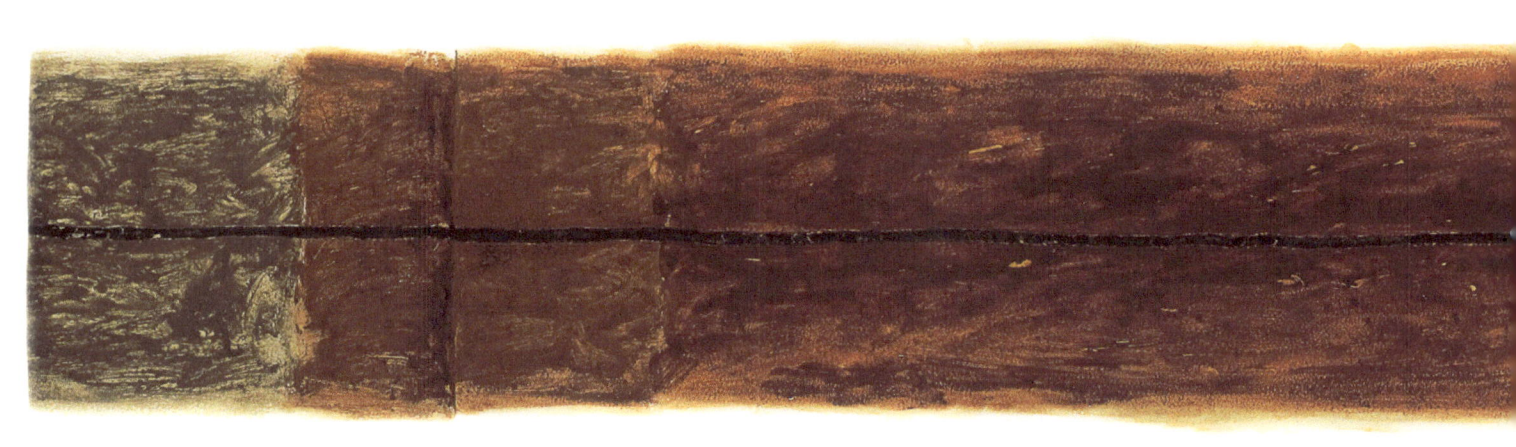

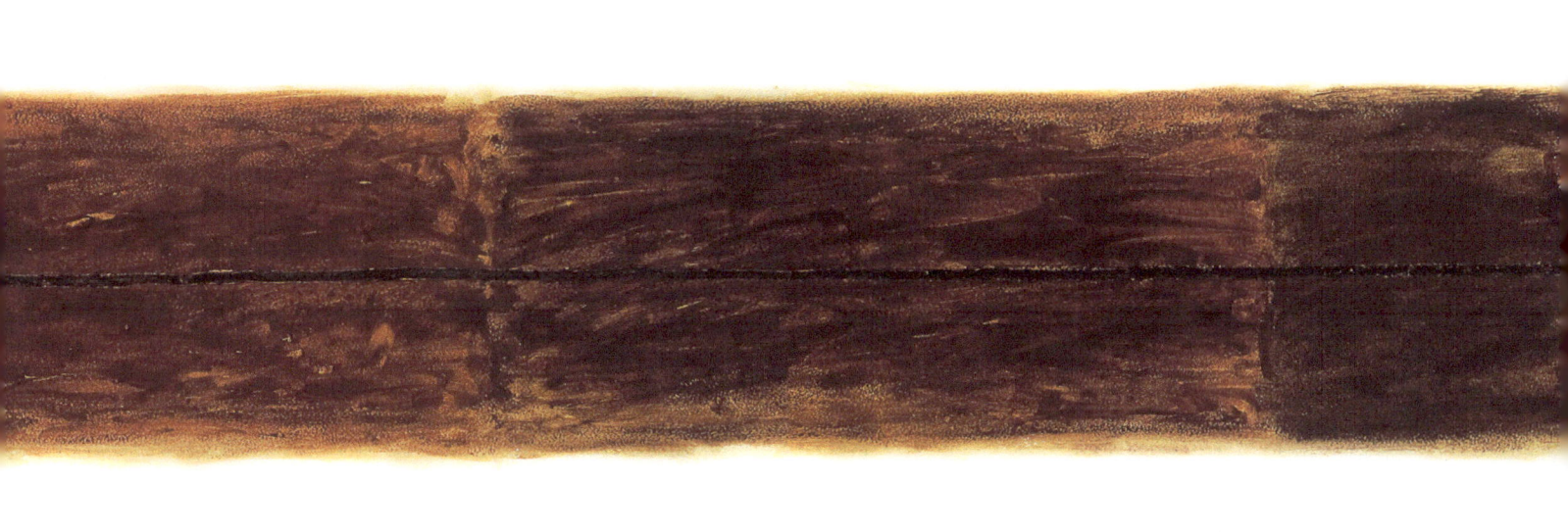

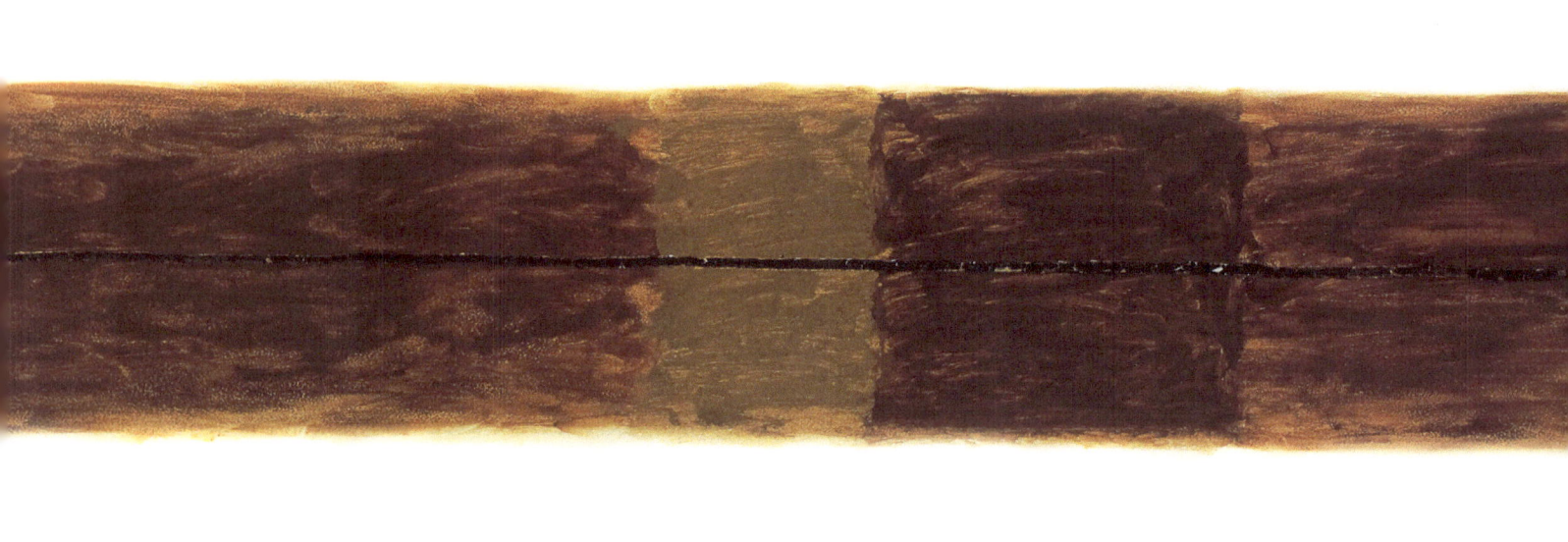

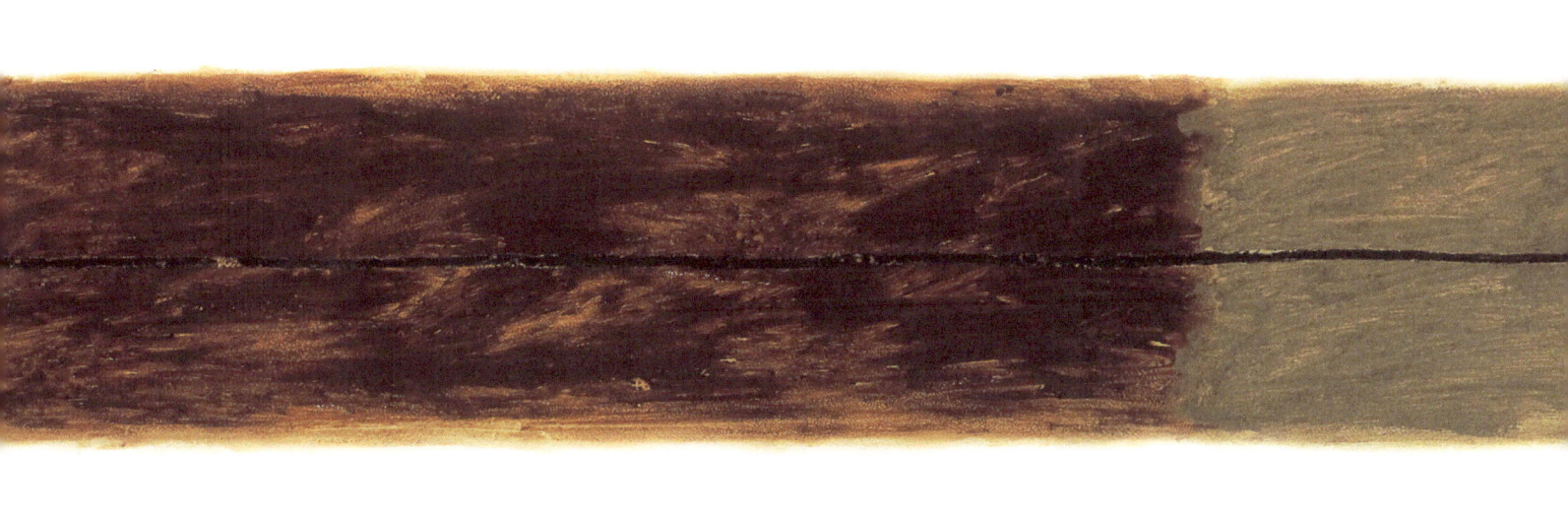

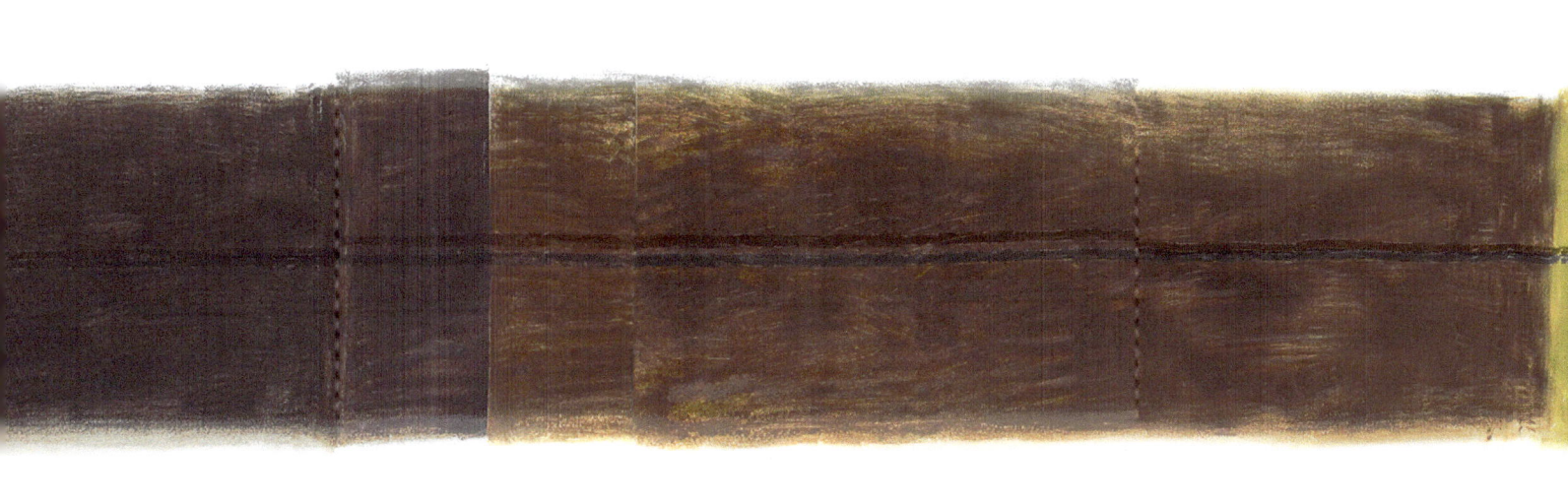

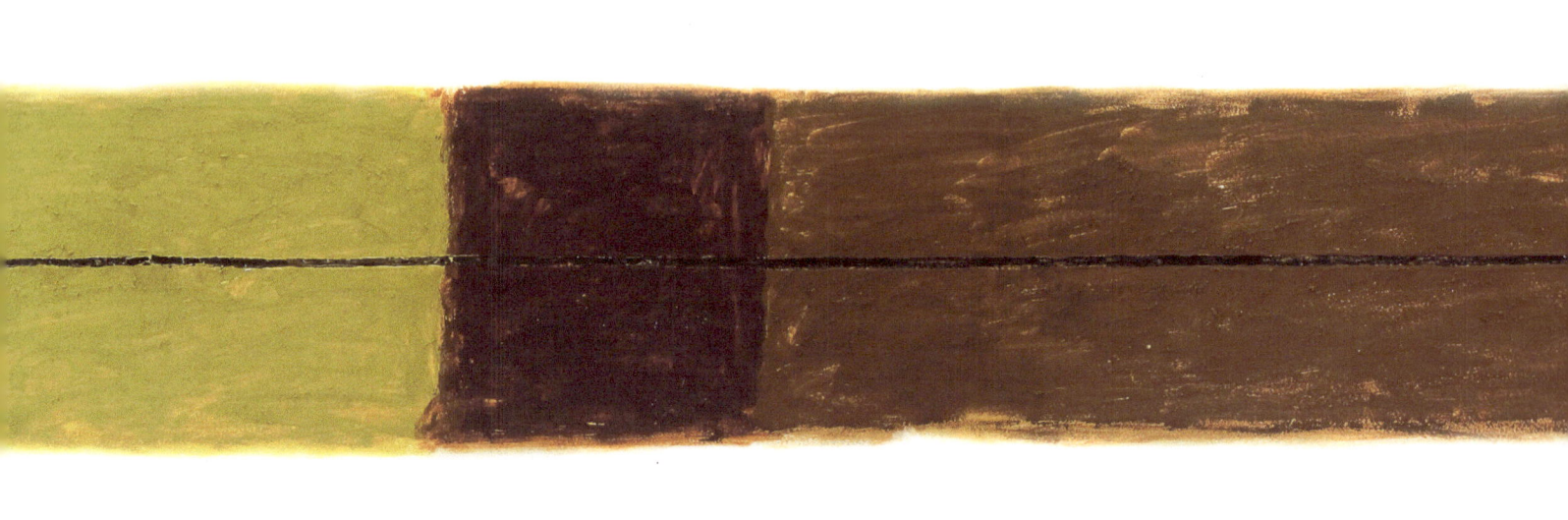

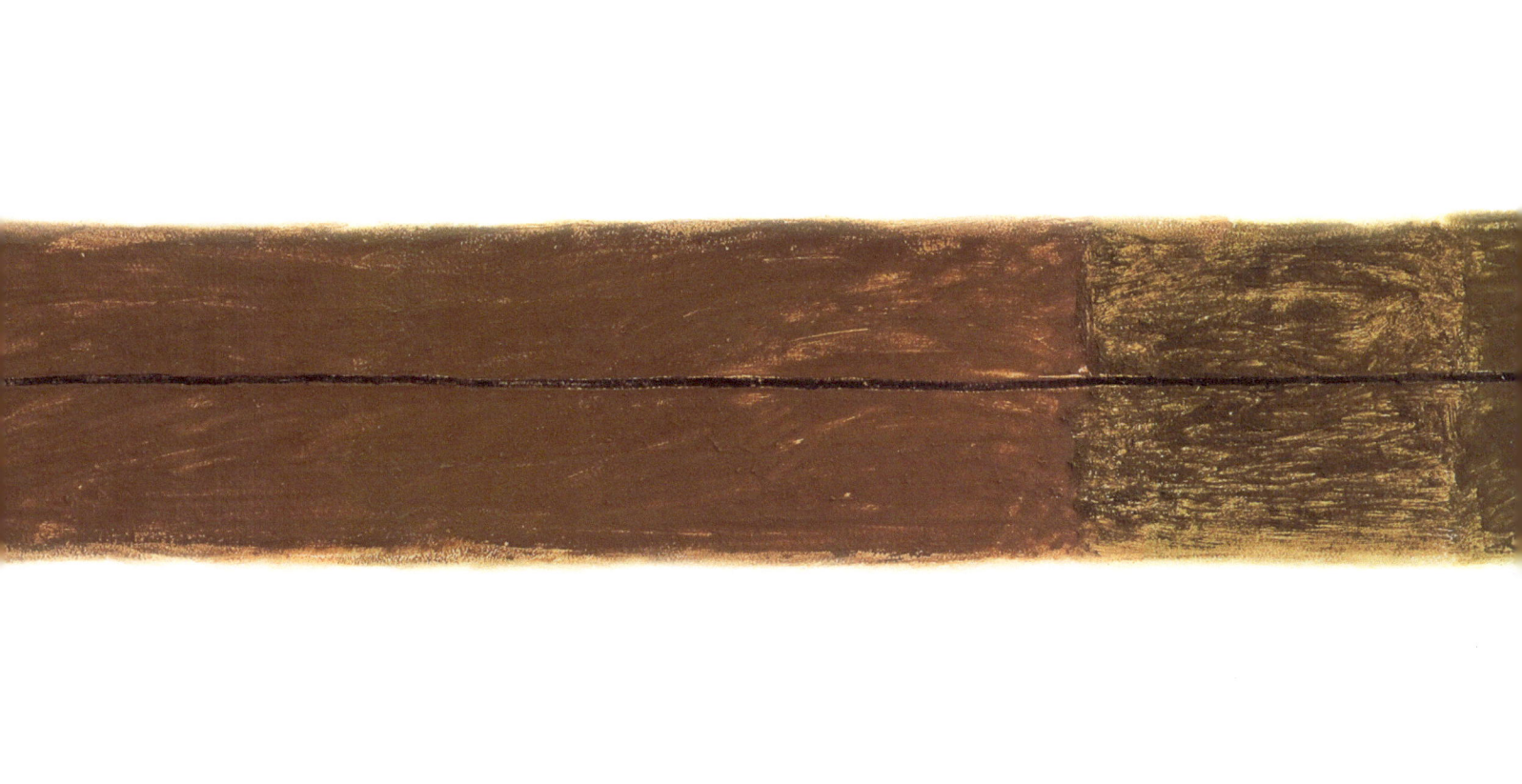

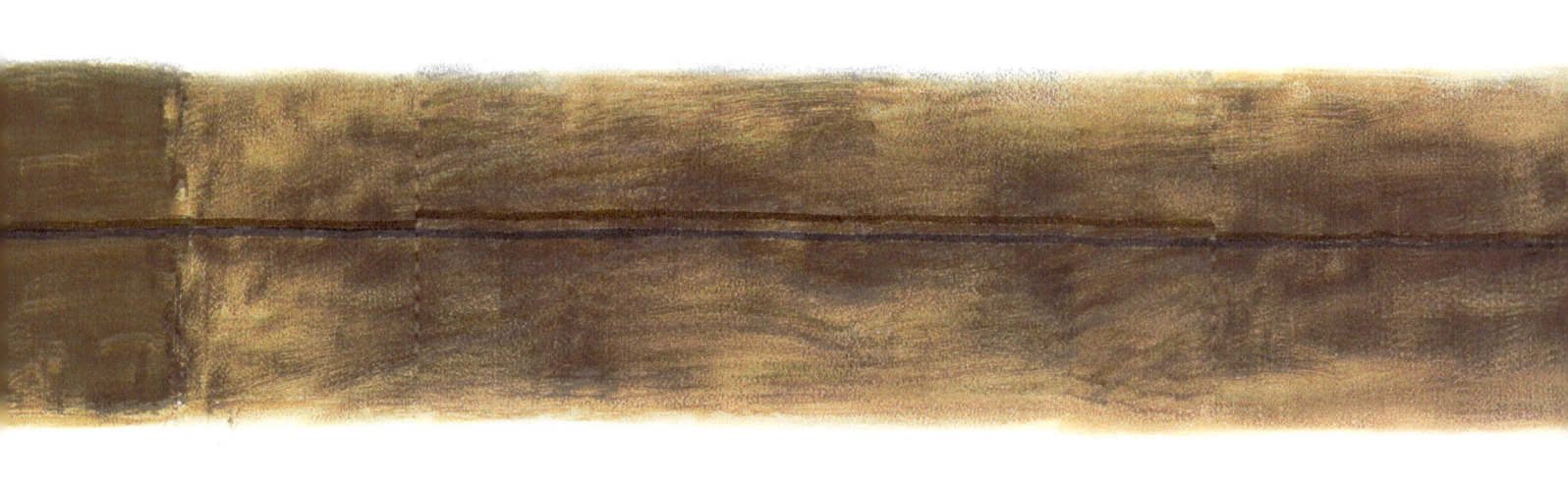

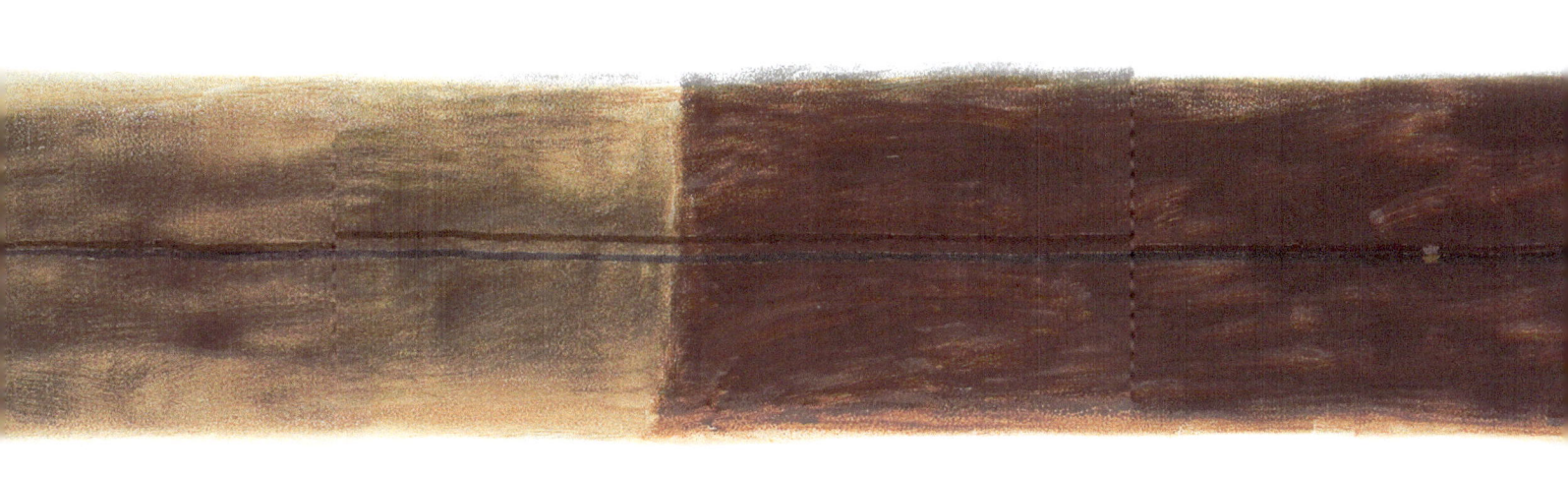

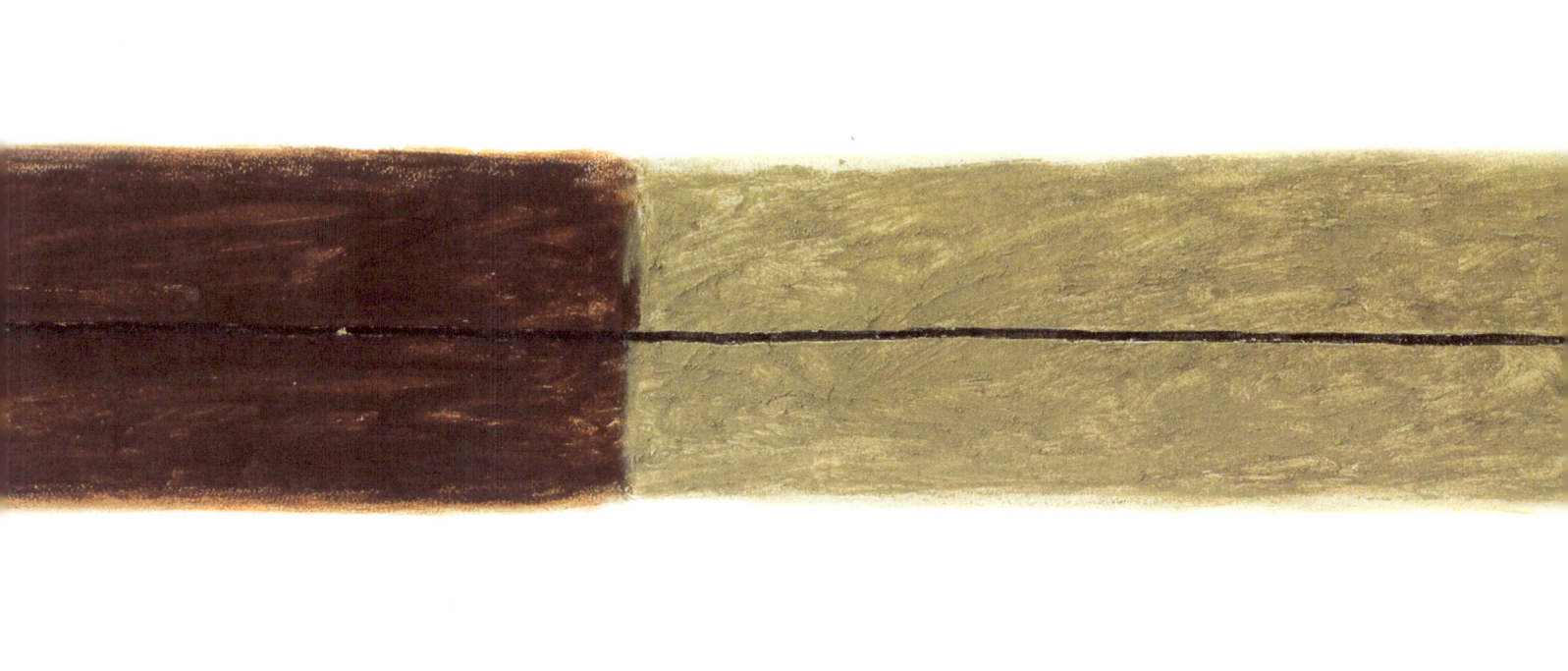

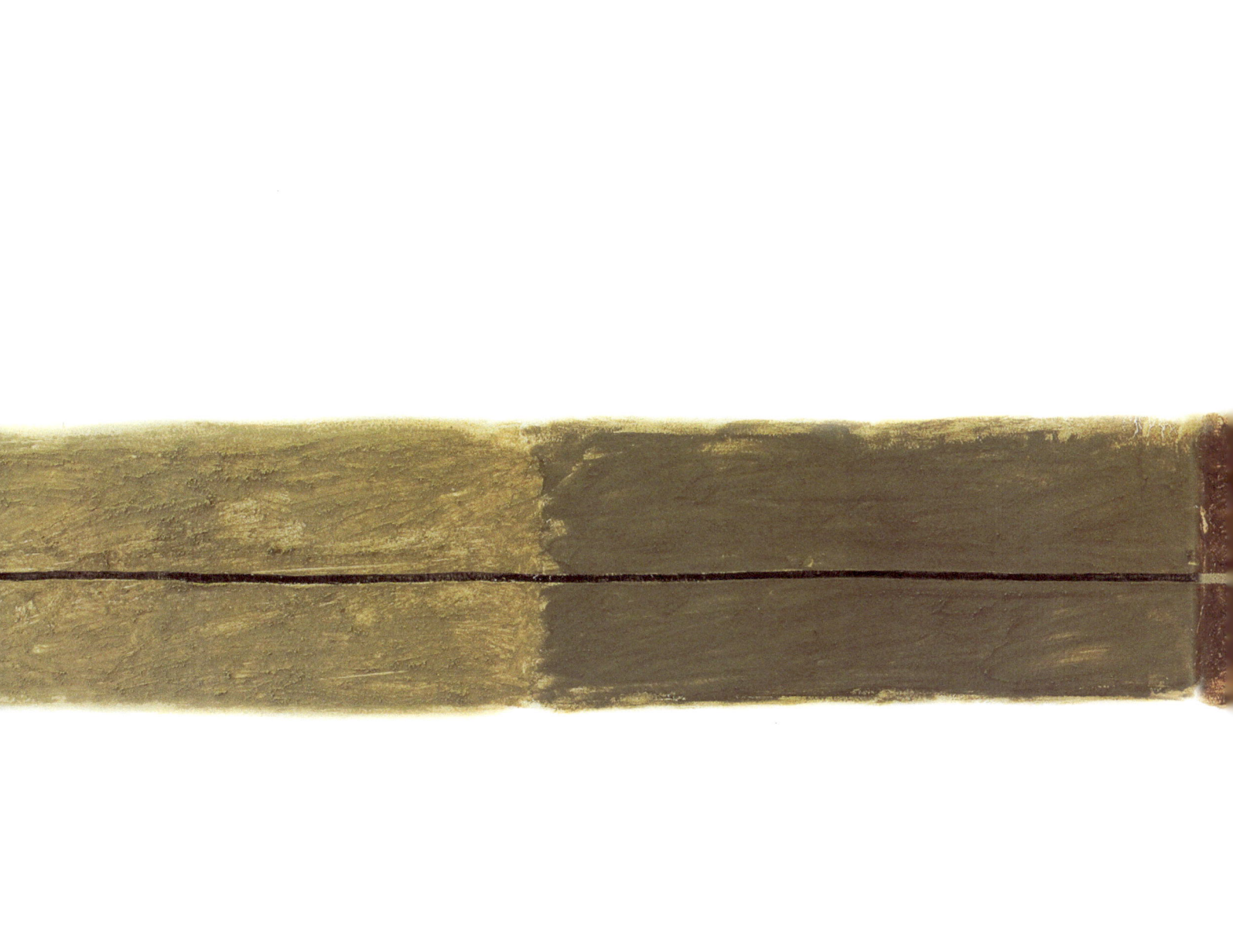

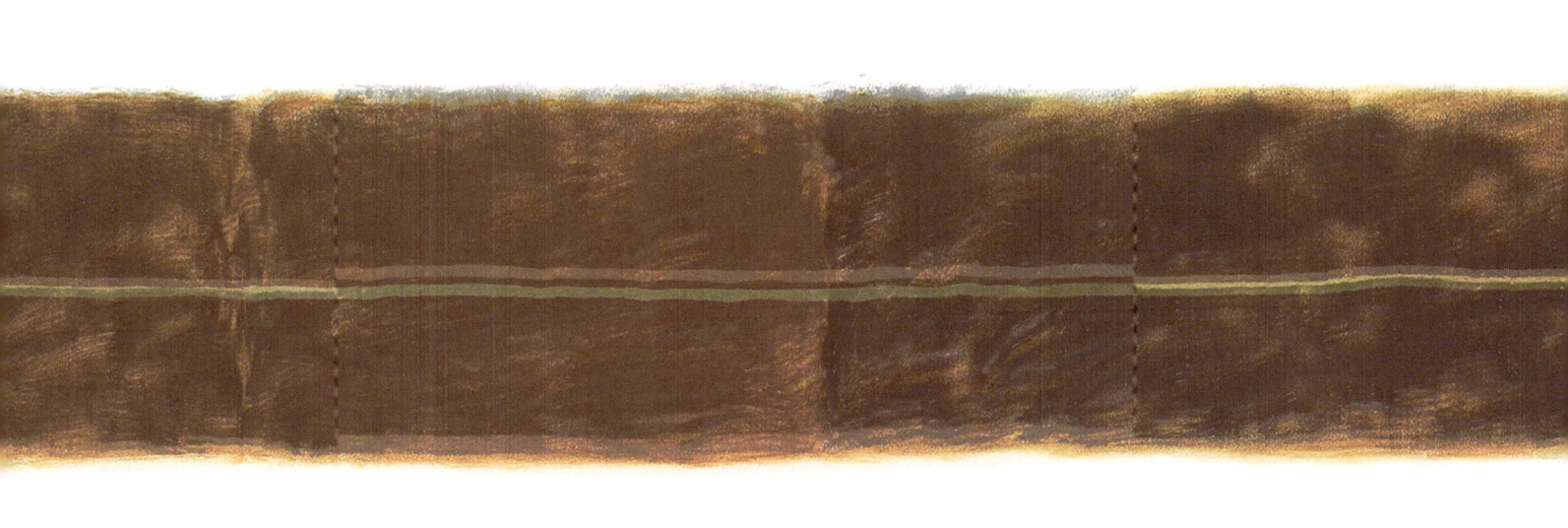

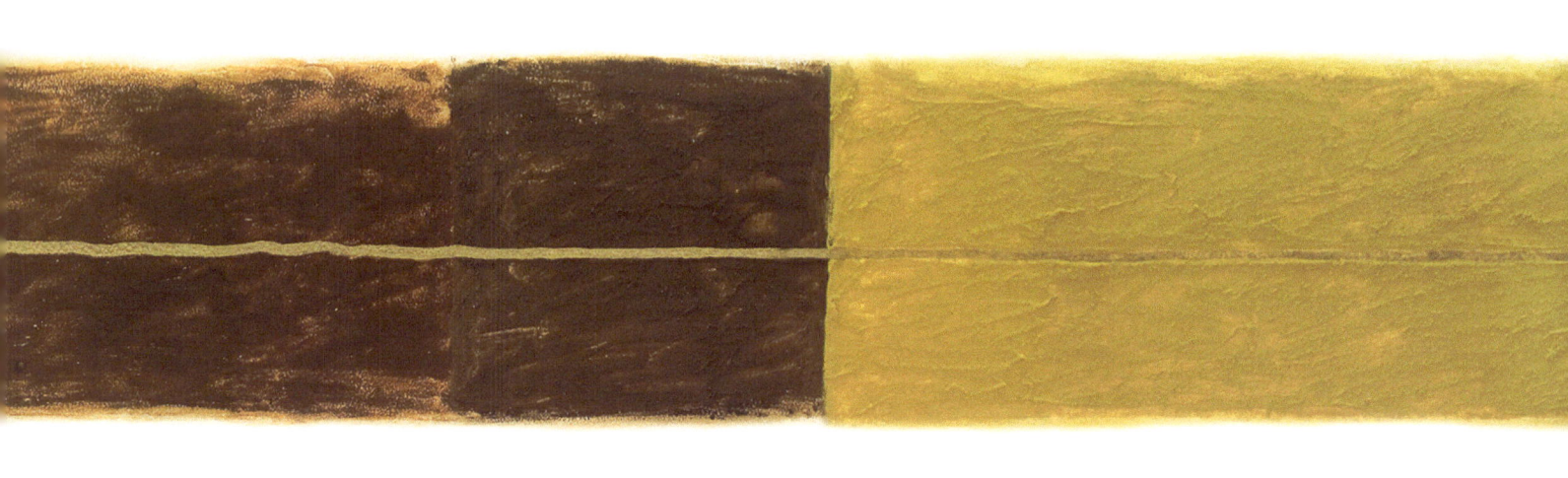

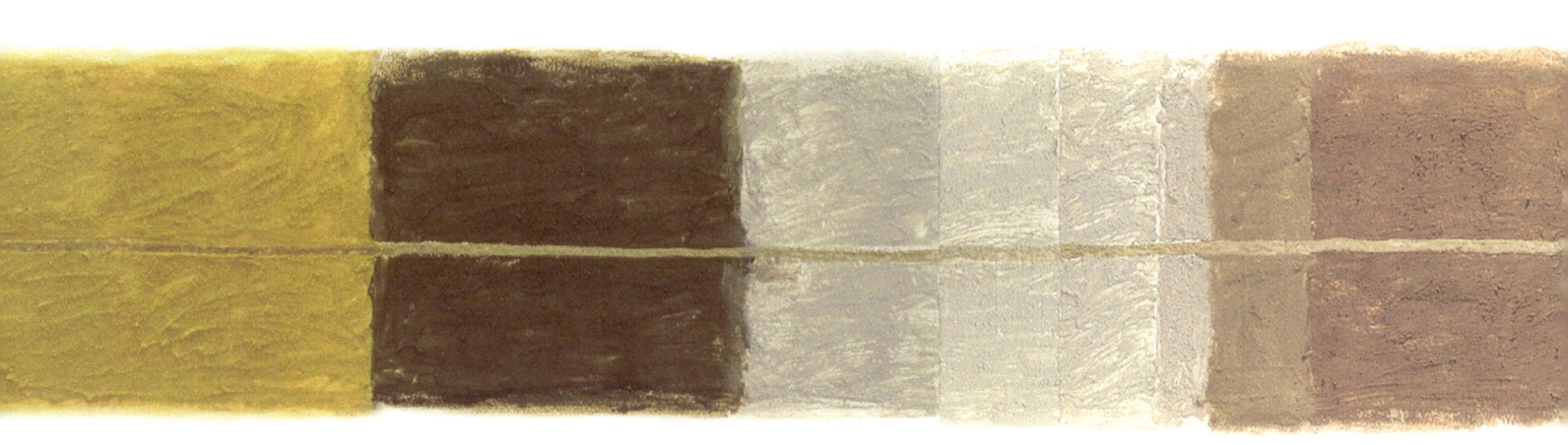

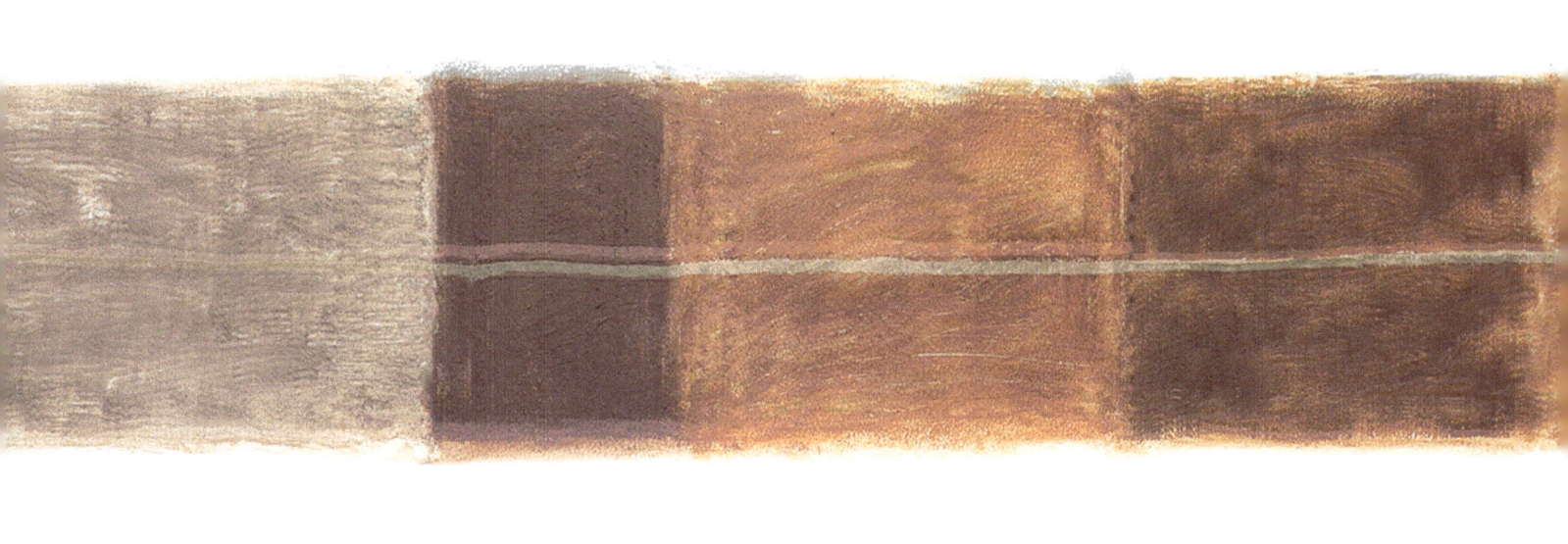

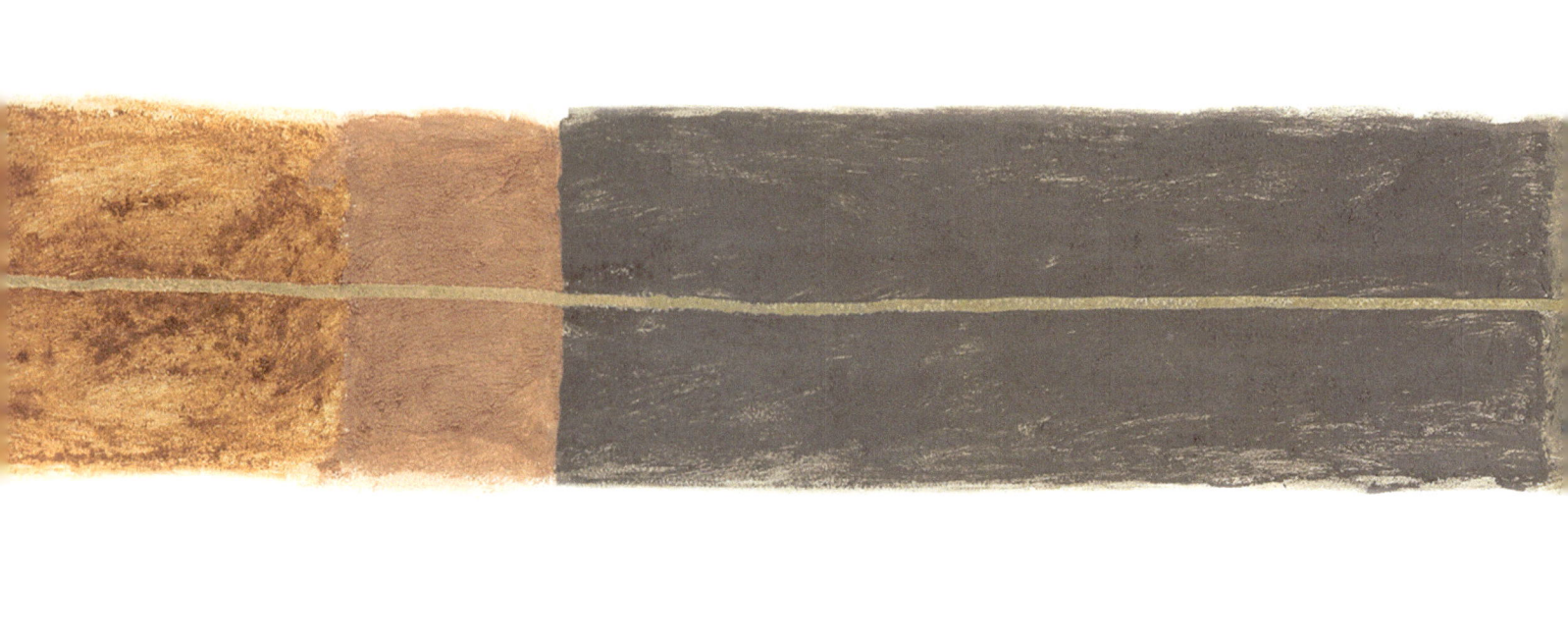

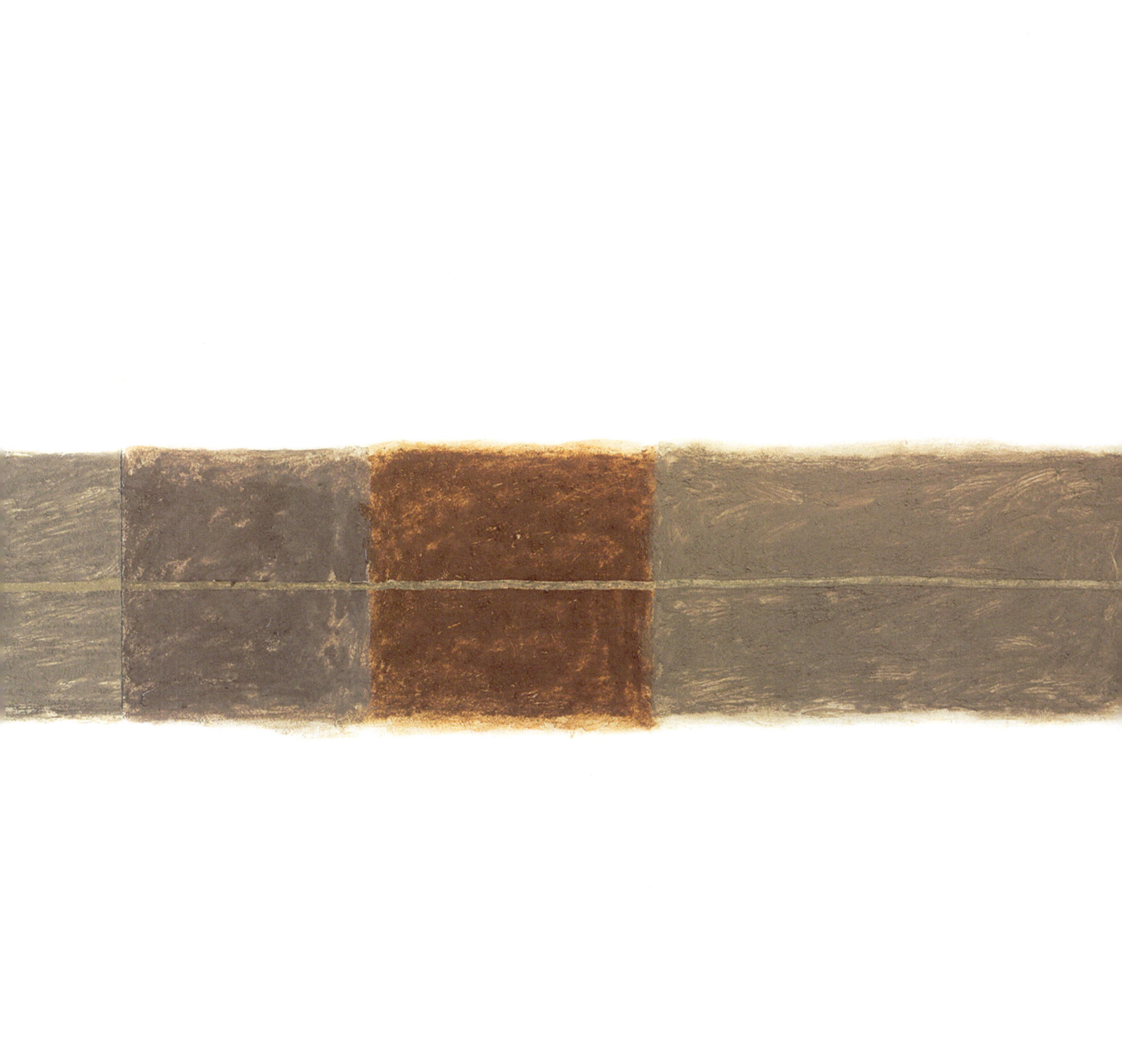

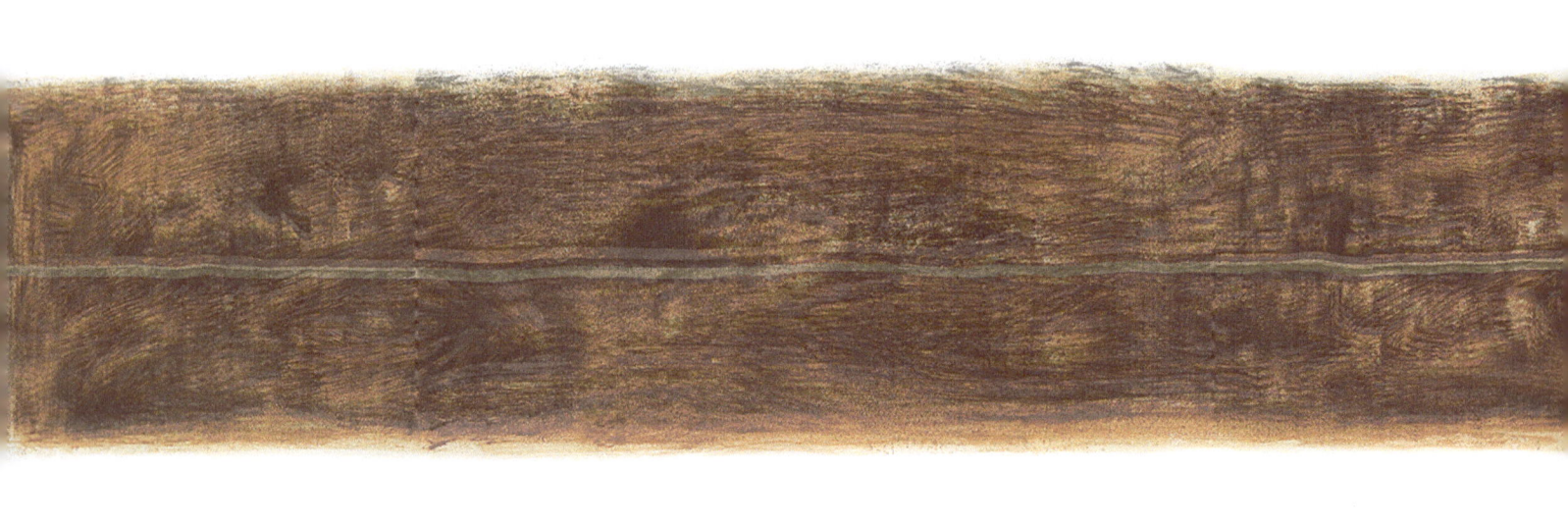

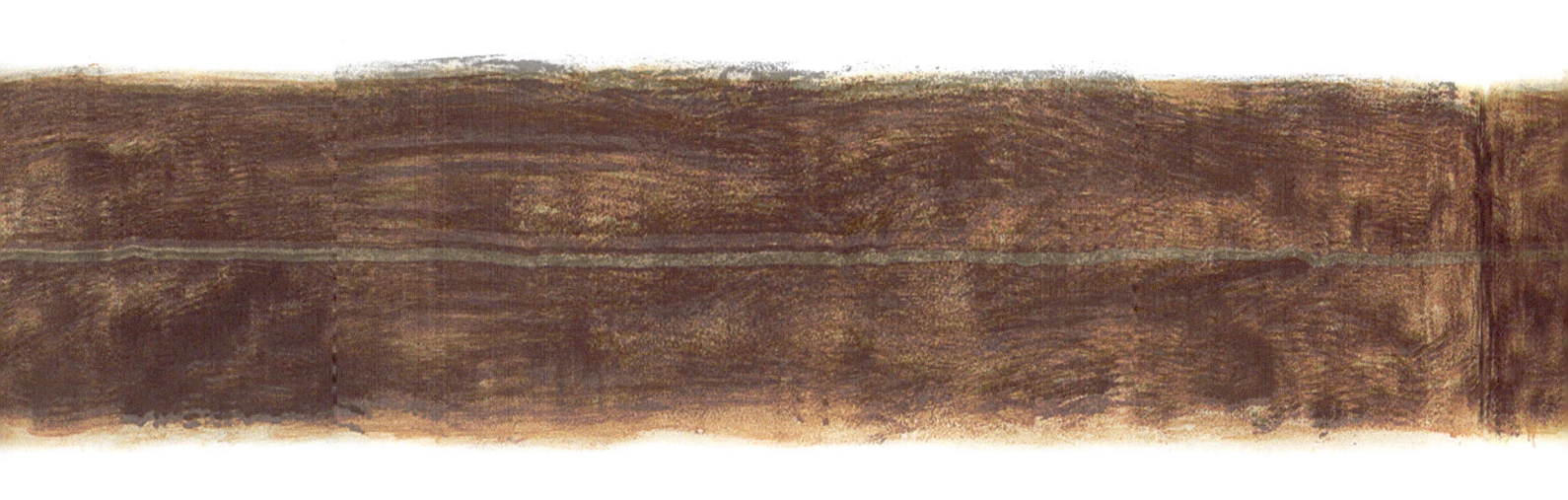

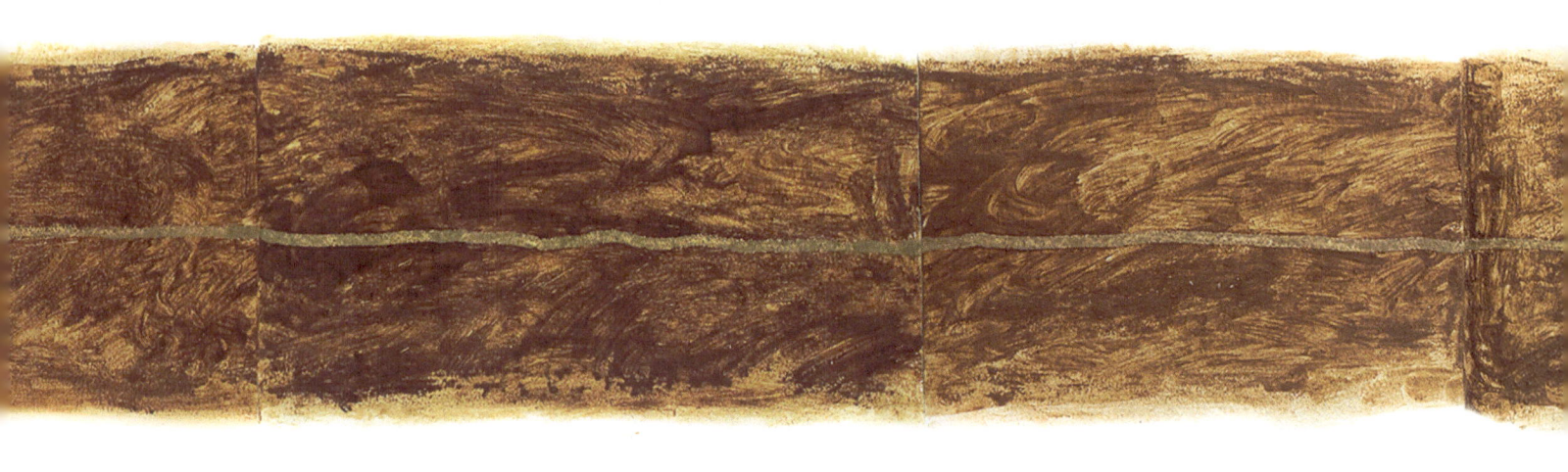

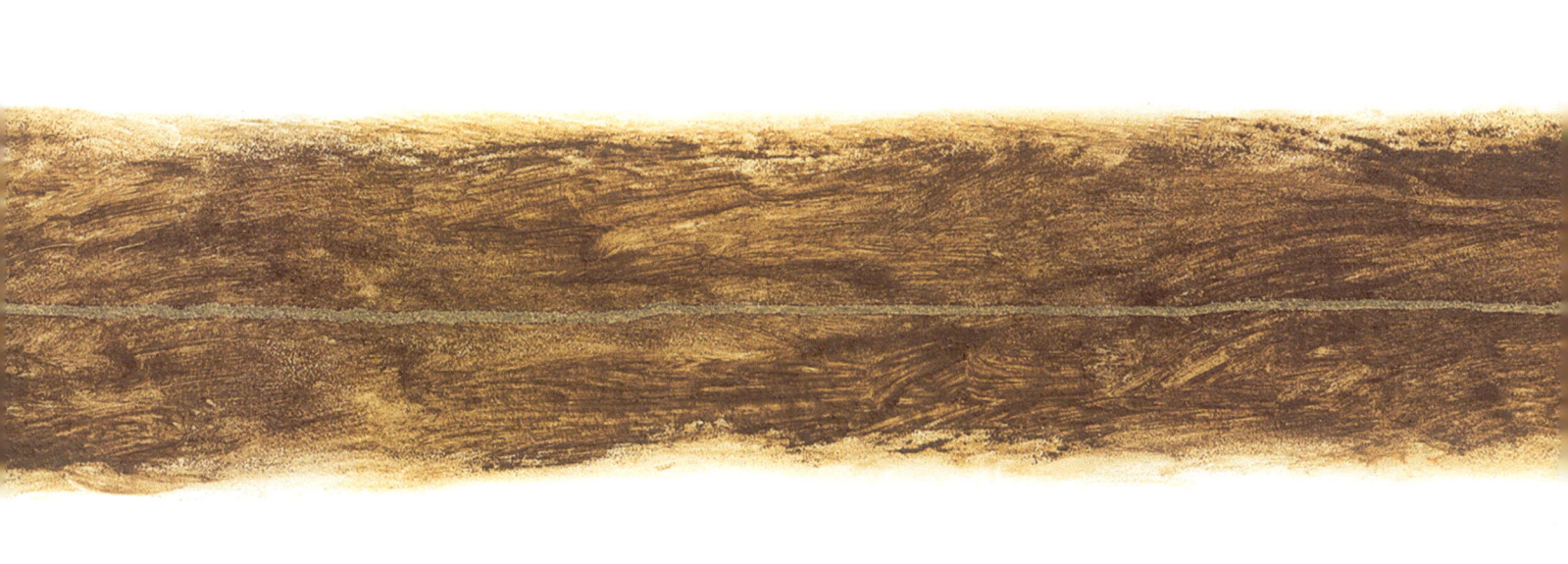

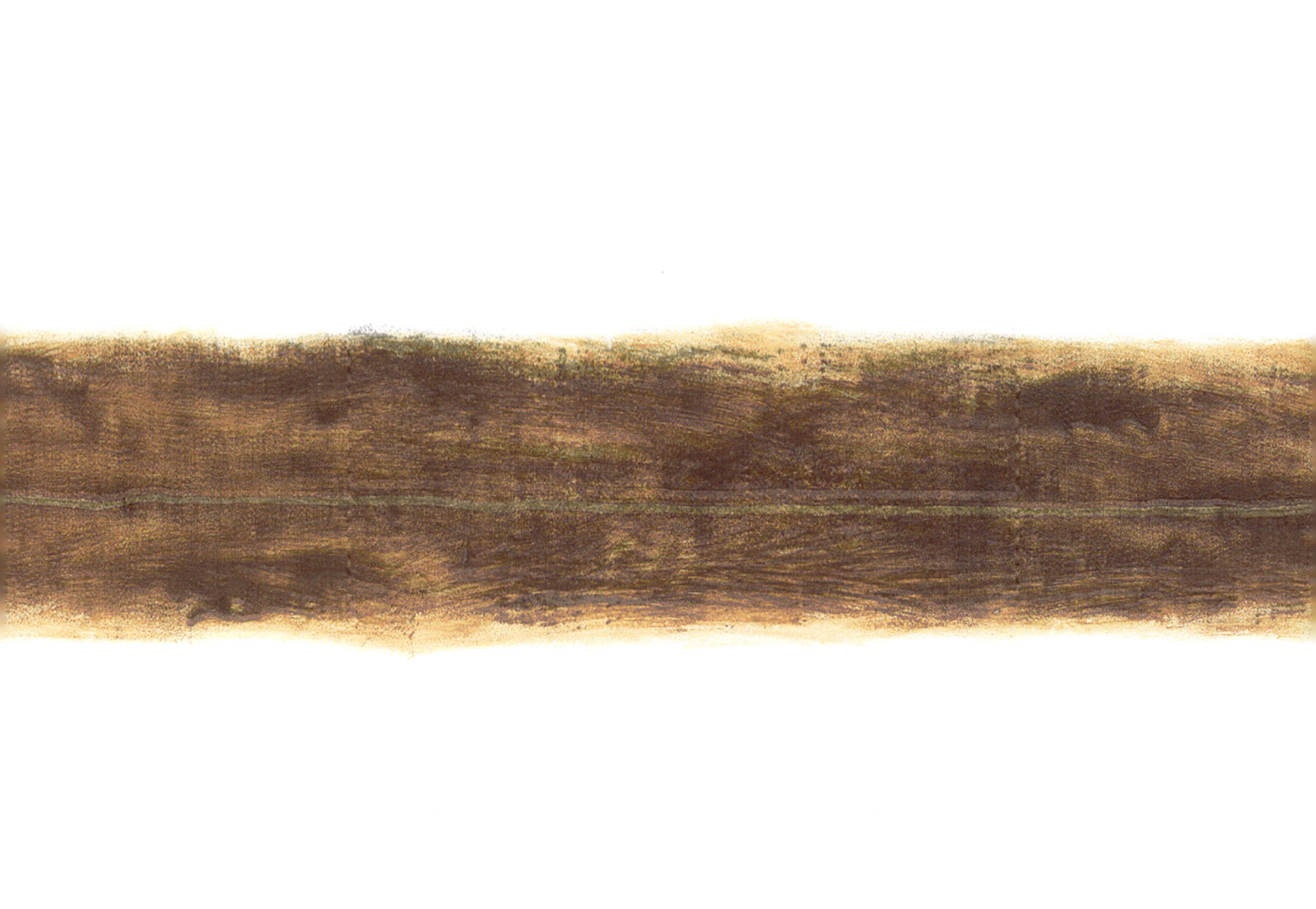

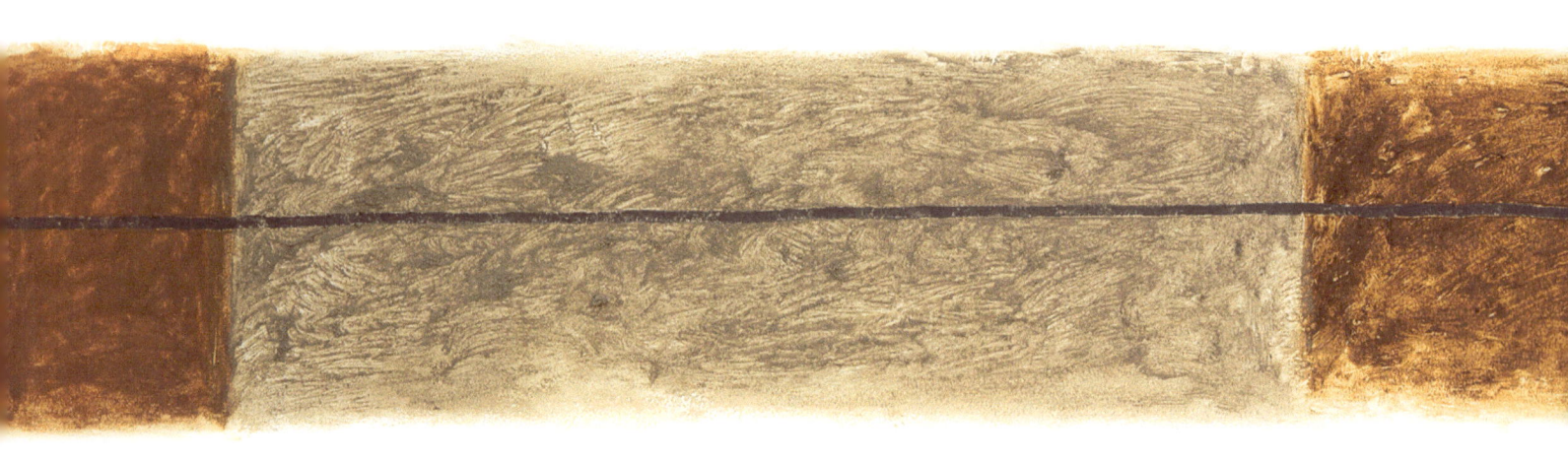

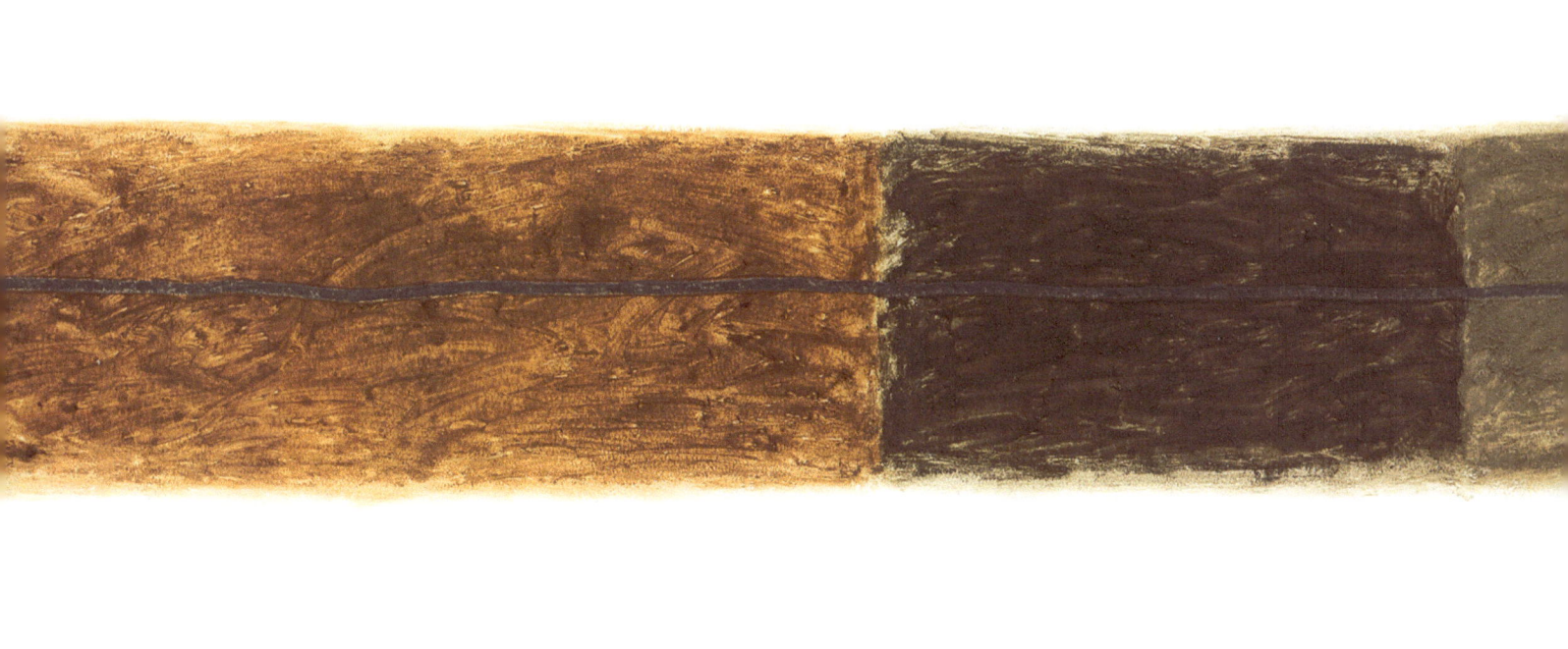

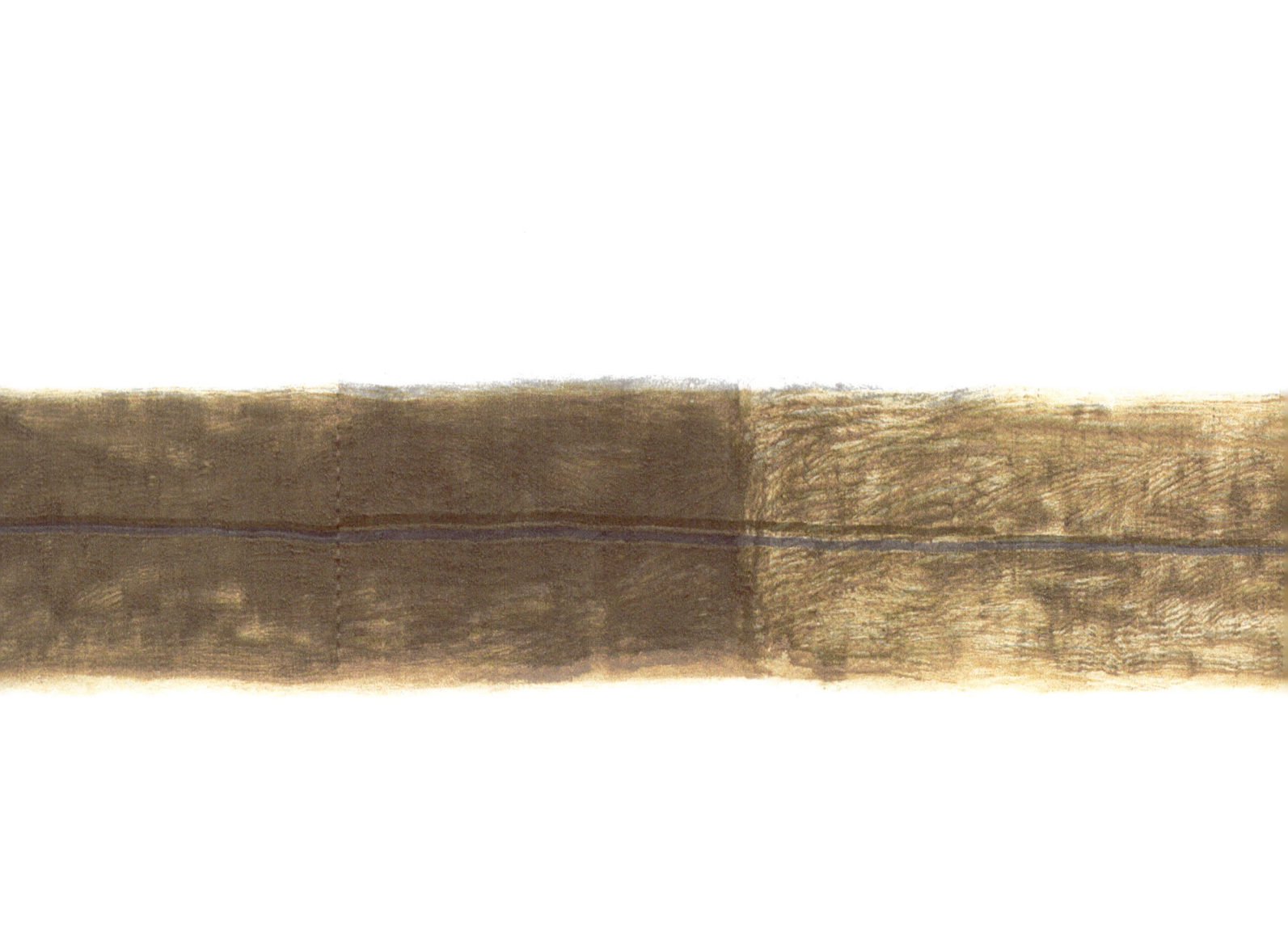

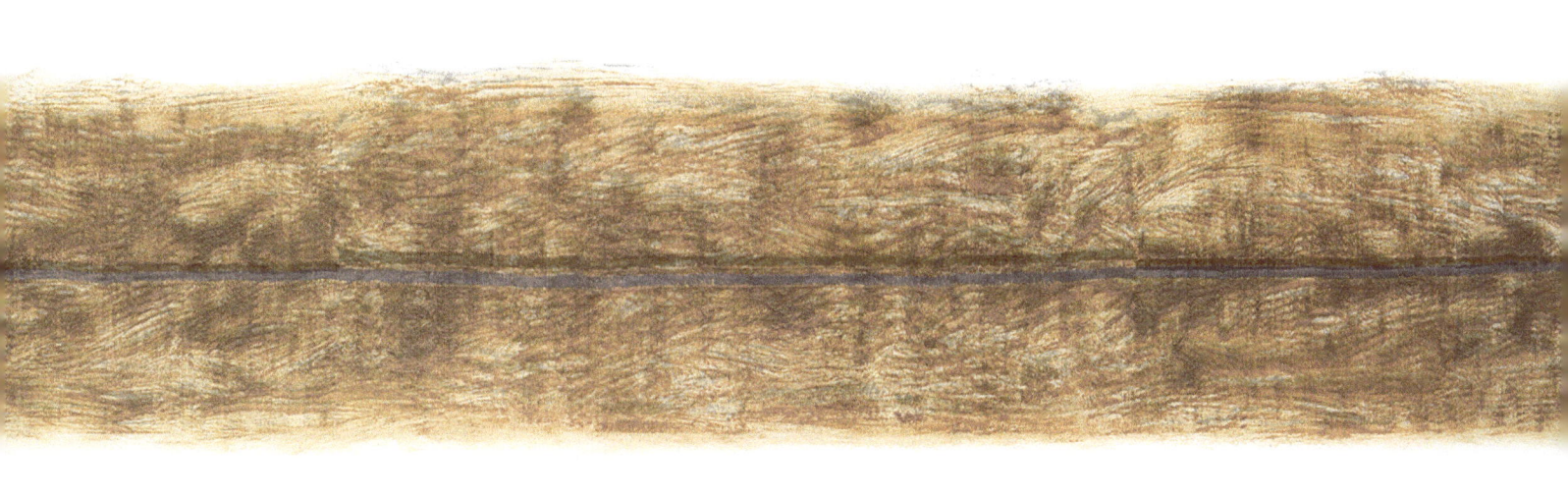

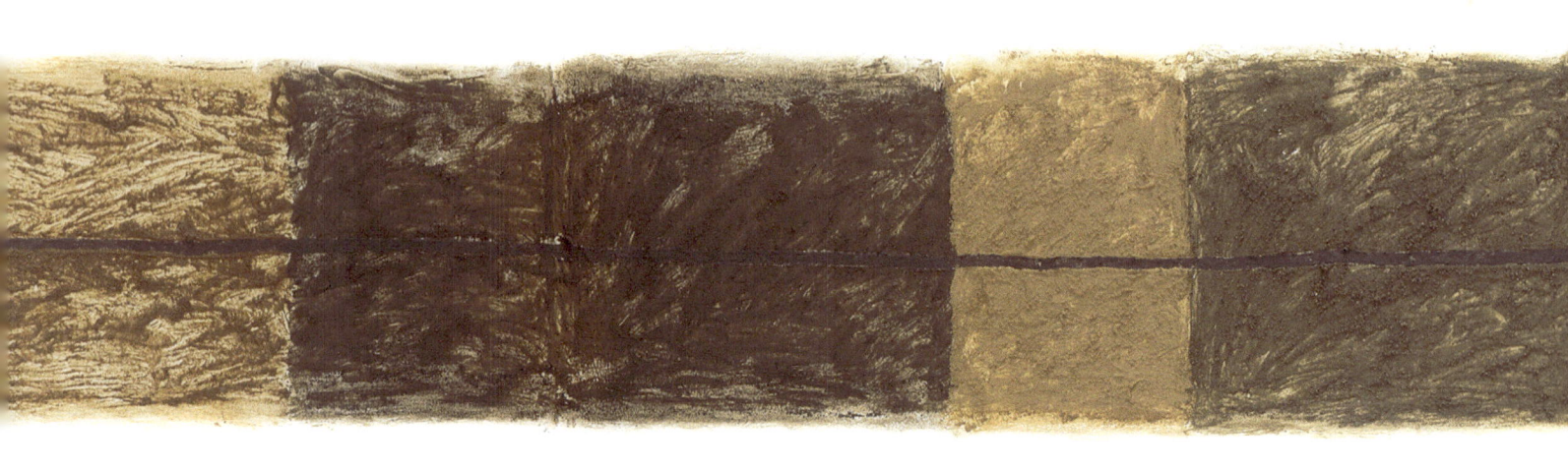

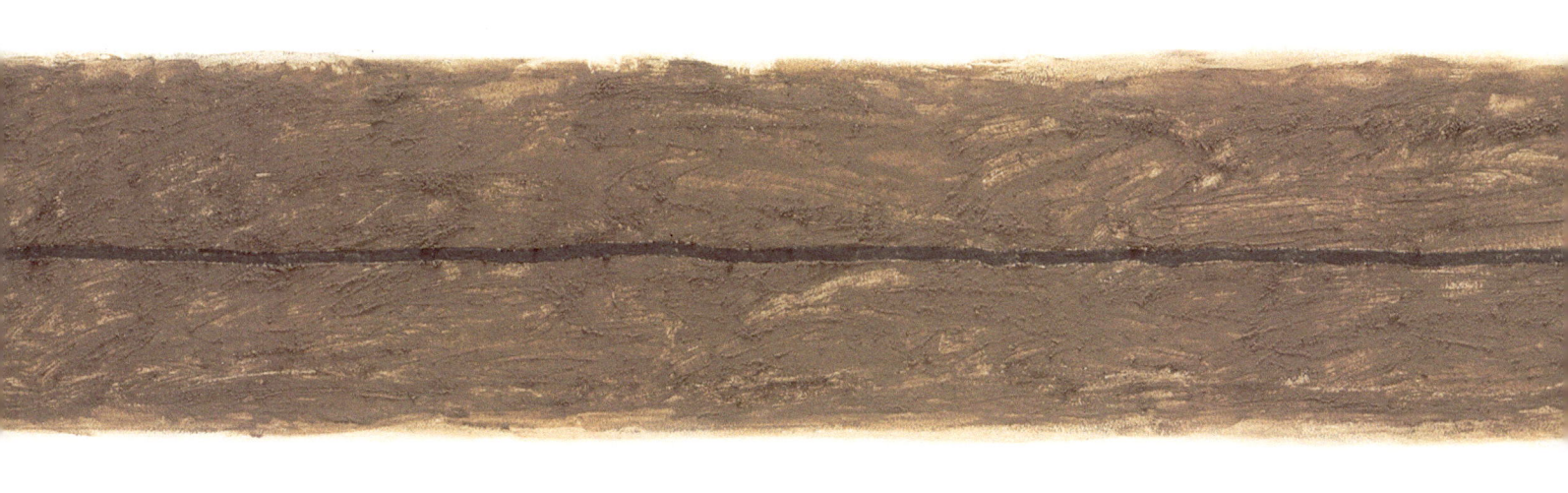

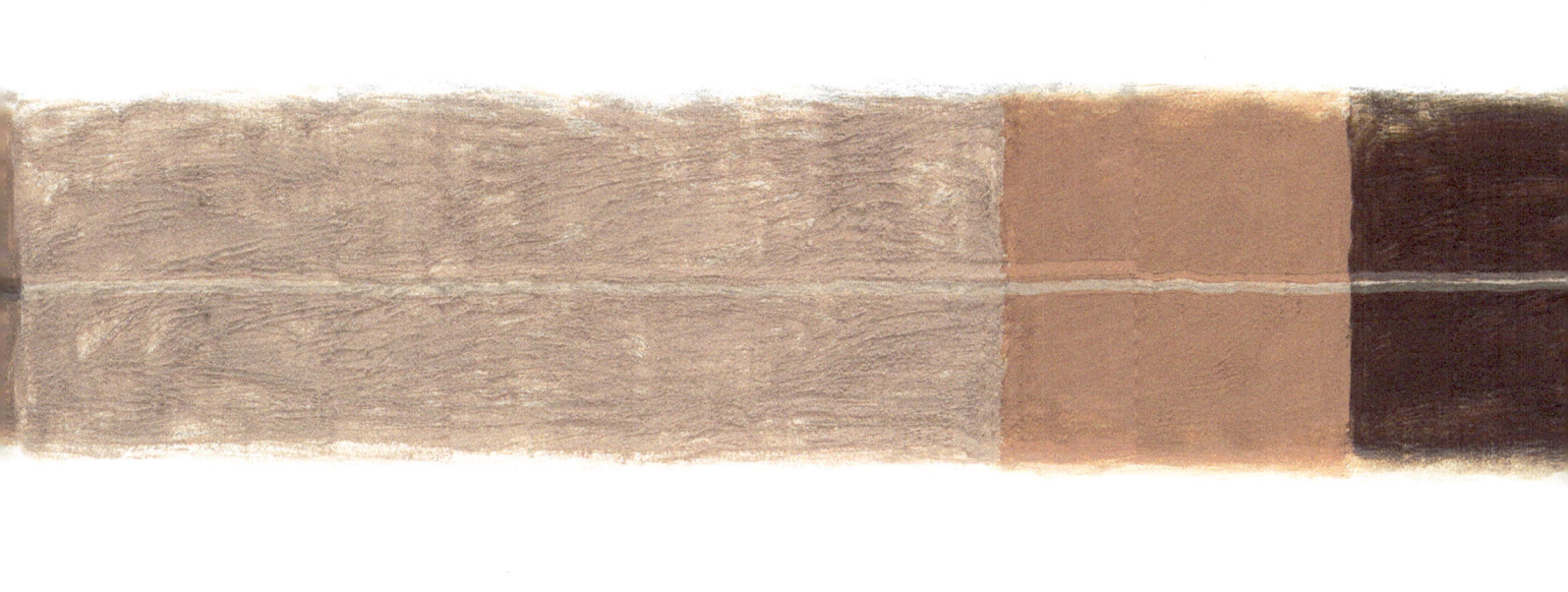

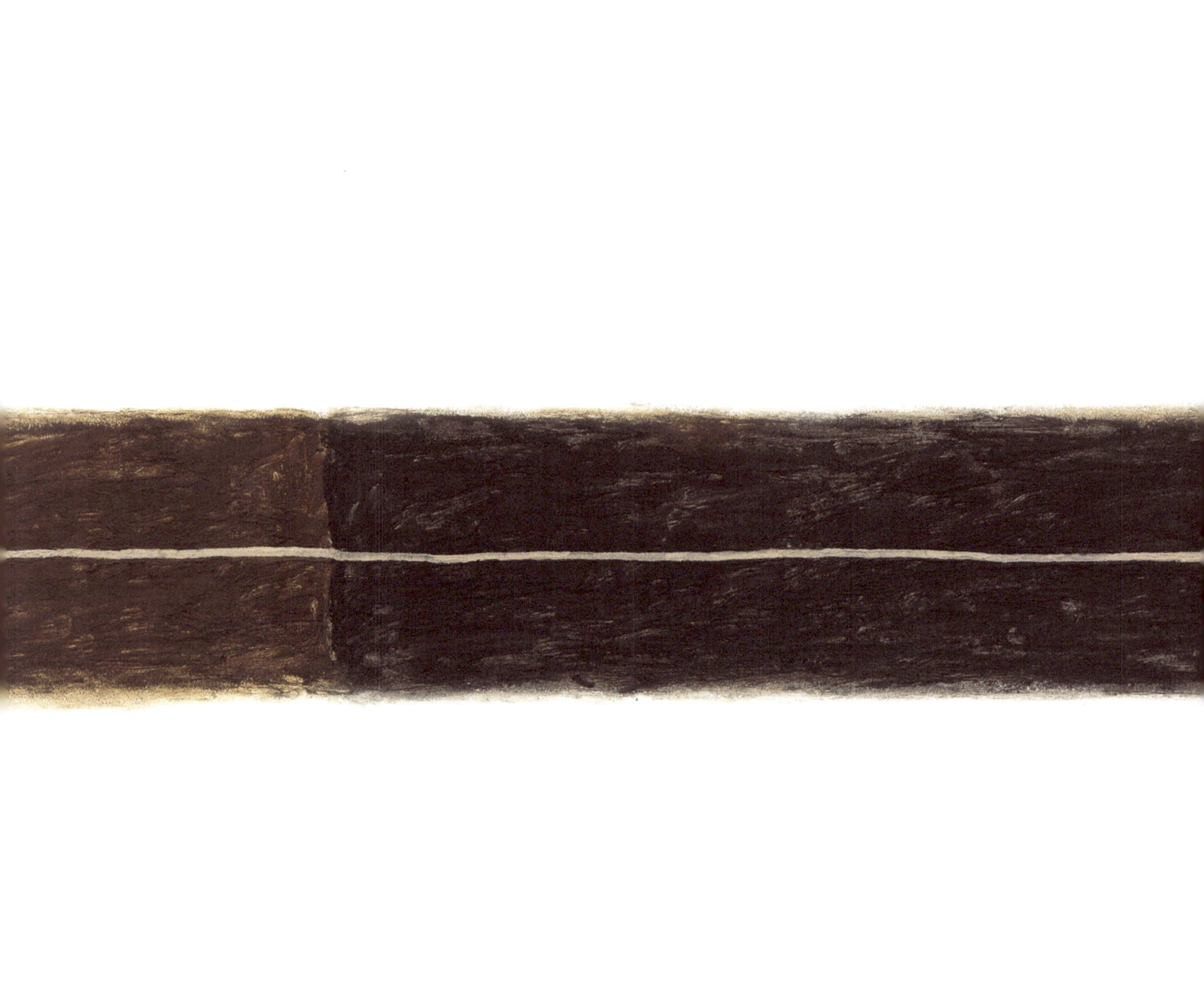

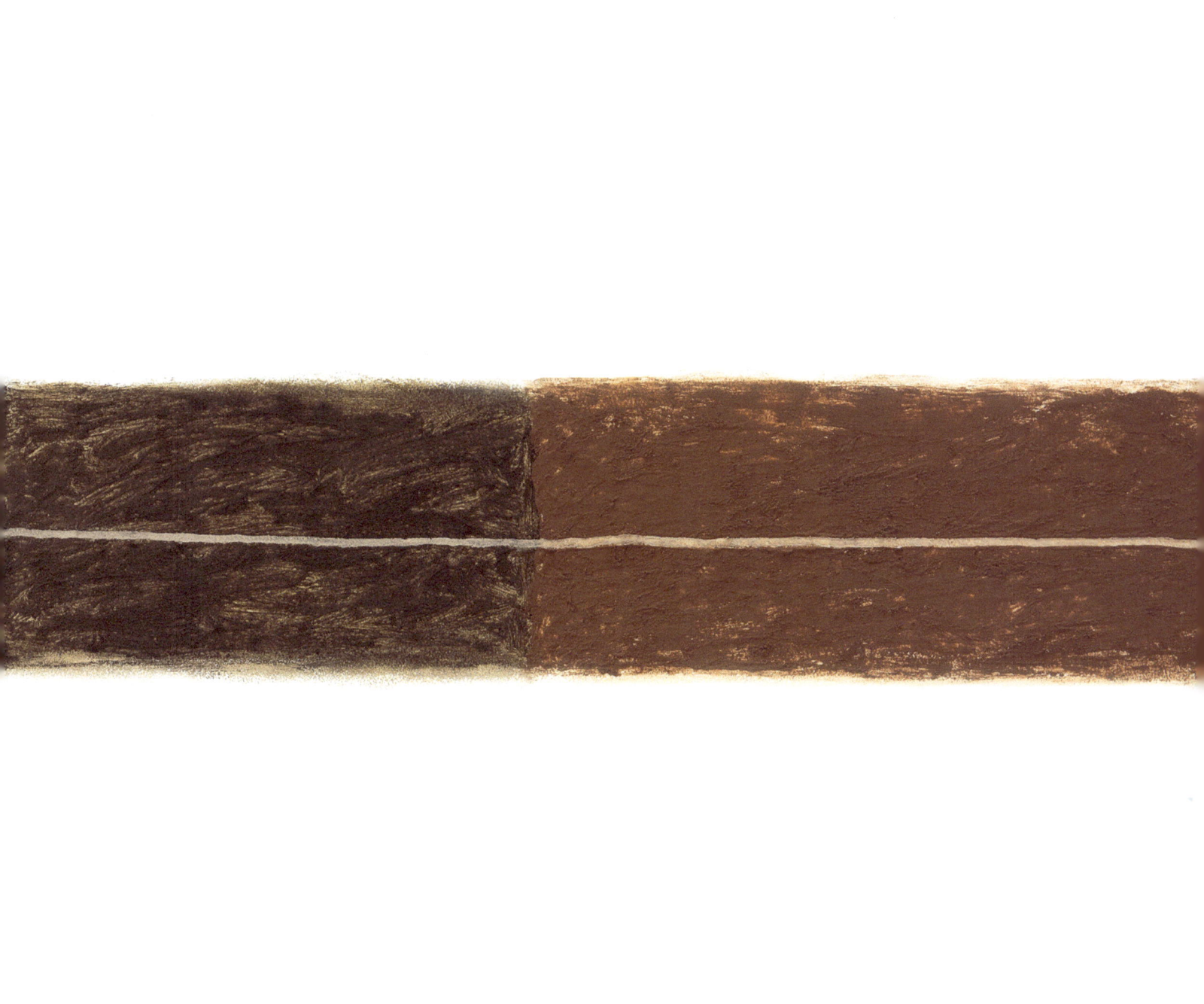

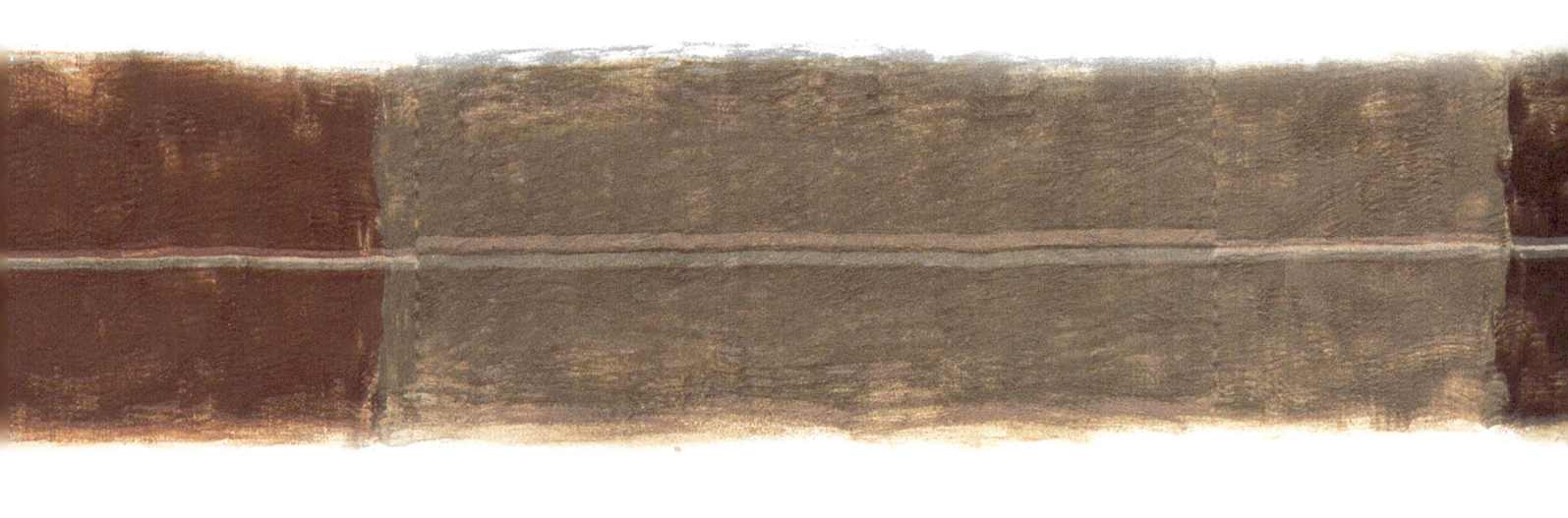

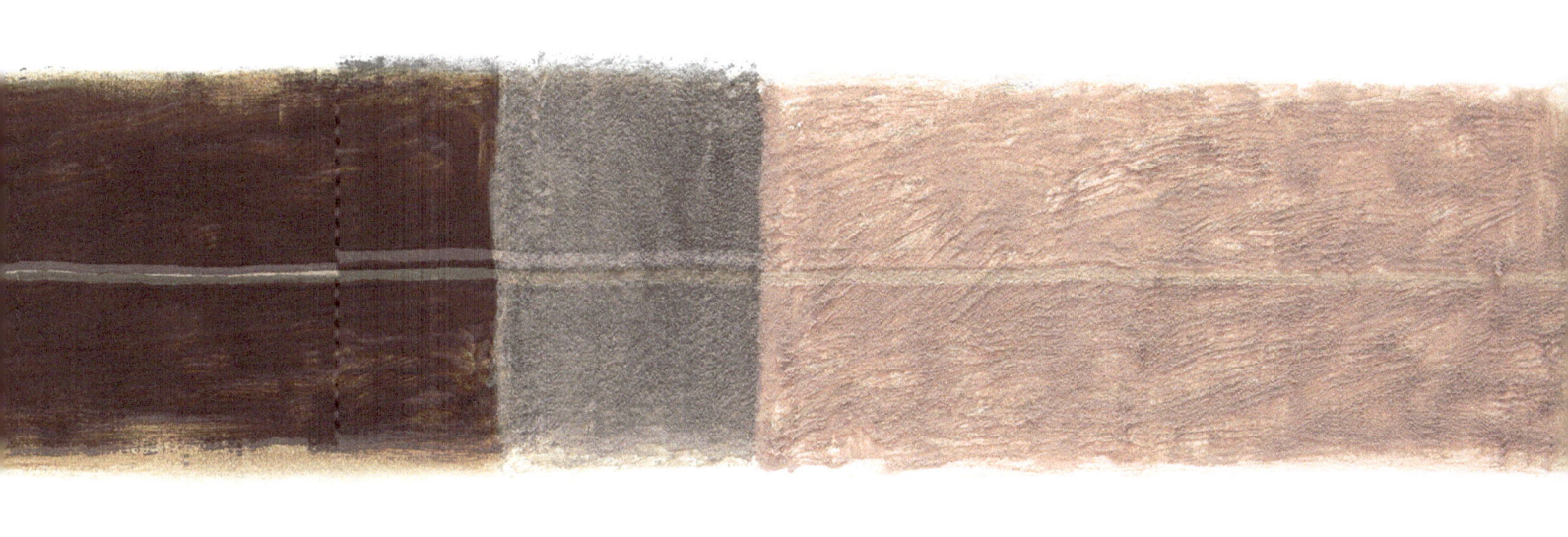

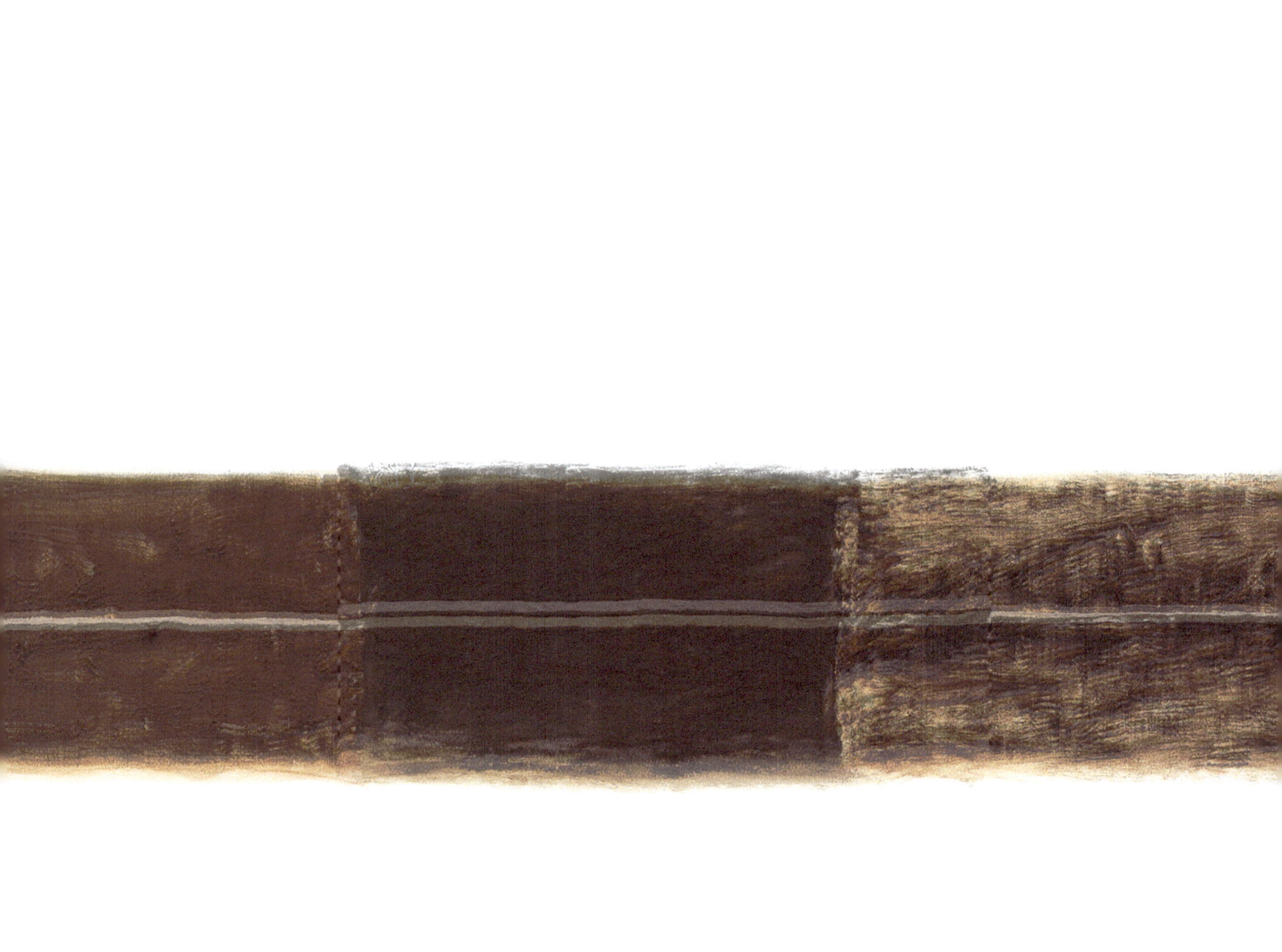

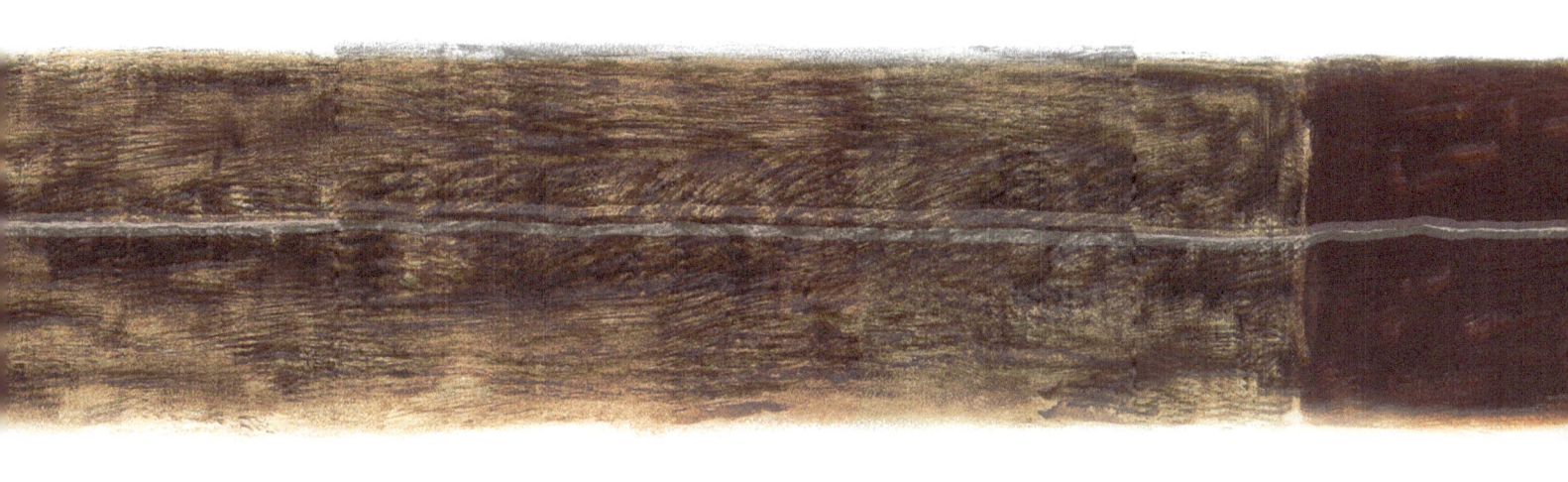

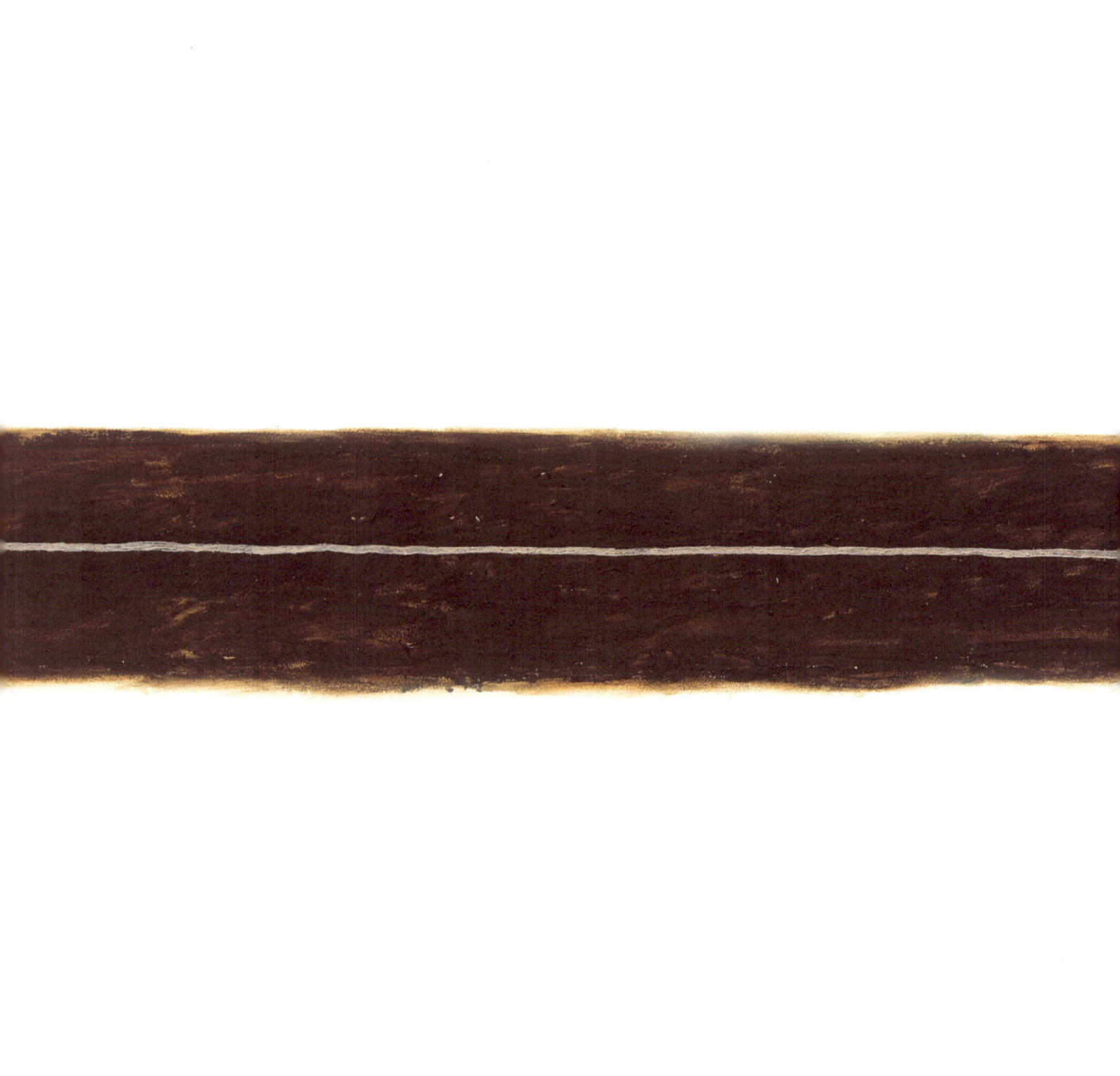

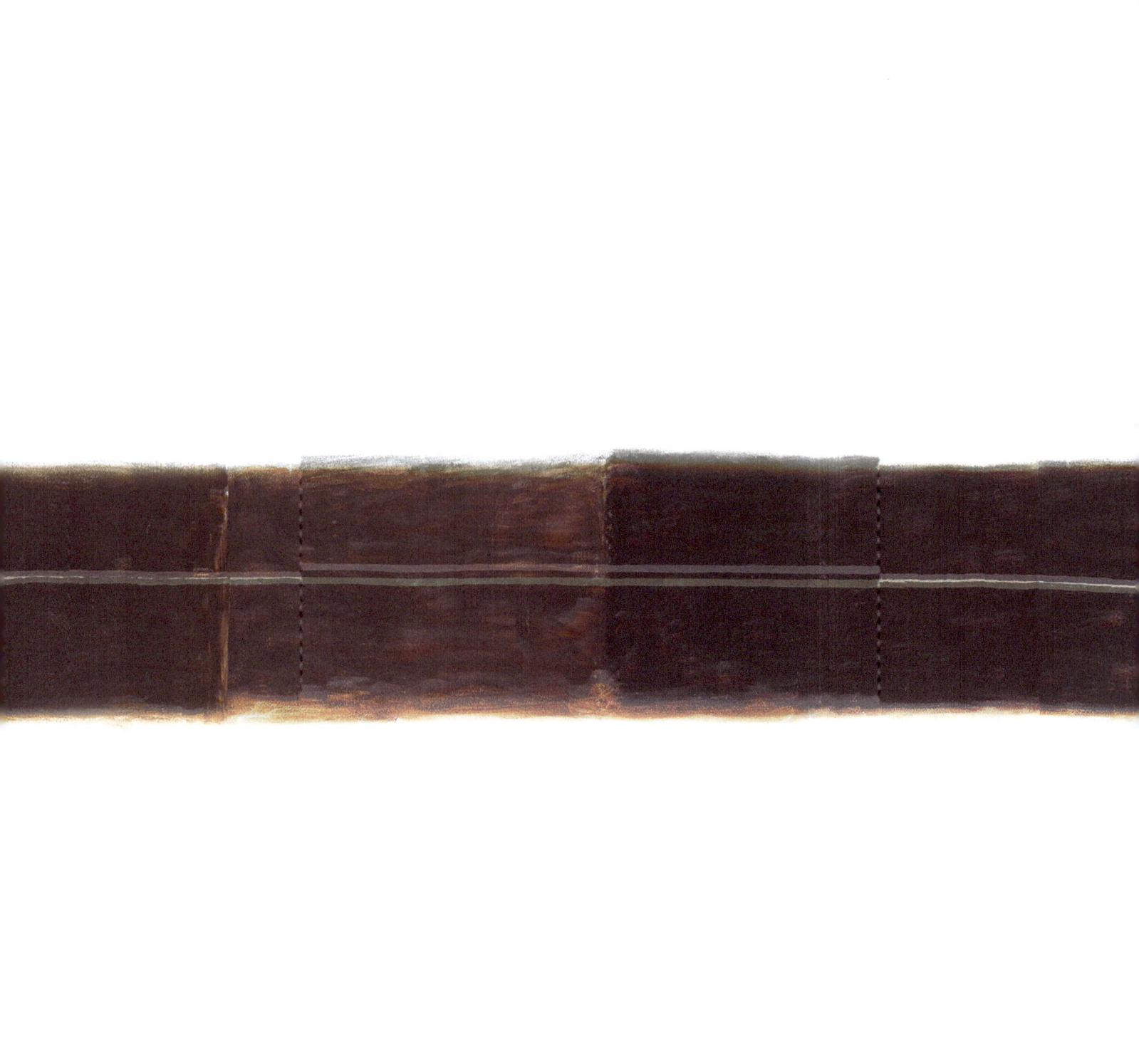

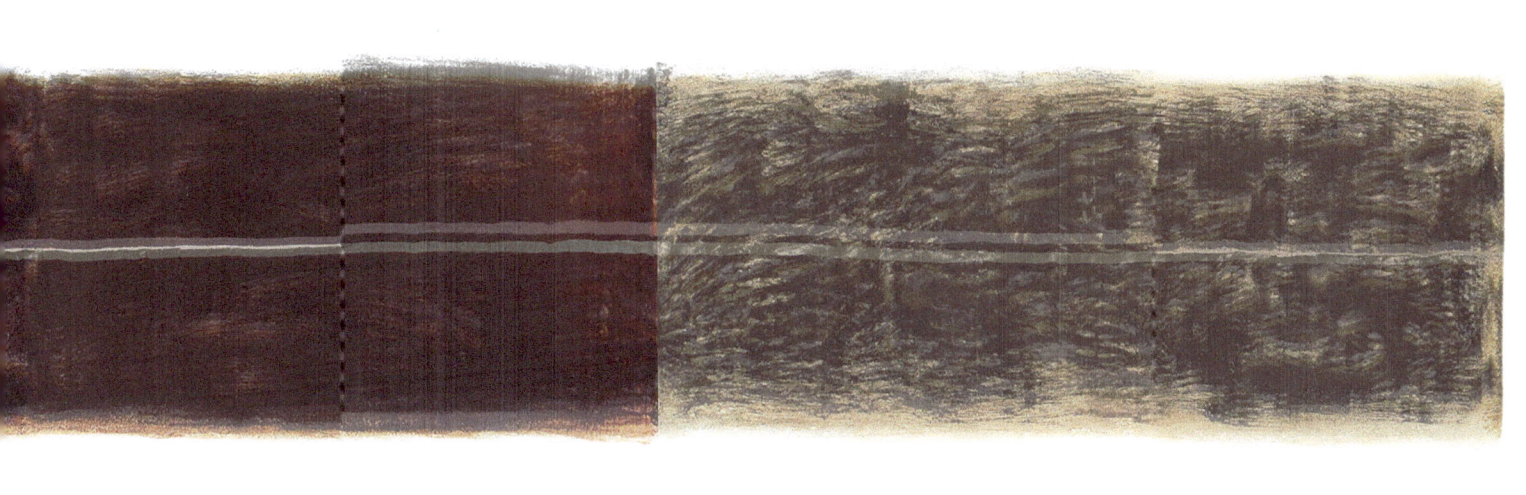

ALVORADA	SÃO LUIZ GONZAGA	MARMELEIRO
VIAMÃO	DEZESSEIS DE NOVEMBRO	EUCALIPTO
LAMÍ	ROQUE GONZALES	PINHAL DA SERRA
TAVARES	PORTO XAVIER	ESMERALDA
BOQUEIRÃO	PORTO LUCENA	EXTREMA
S. JOÃO DA RESERVA	SANTO CRISTO	MUITOS CAPÕES
HERVAL	SANTA ROSA	SAMUEL
CANGUÇU	INDEPENDÊNCIA	CAMPESTRE DA SERRA
BAGÉ	ESQUINA BUDEL	SÃO MARCOS
TRES VENDAS	SANTO AUGUSTO	PEDRAS BRANCAS
UPAMAROTÍ	CAMPO SANTO	ANA RECH
ARMADA	PALMEIRA DAS MISSÕES	CAXIAS DO SUL
GUARÁ	BARREIRINHO	NOVA PETRÓPOLIS
ROSÁRIO DO SUL	RONDINHA	PICADA CAFÉ
CORTE	RONDA ALTA	MORRO REUTER
SÃO FRANCISCO DE ASSIS	QUATRO IRMÃOS	DOIS IRMÃOS
BELUNO	EREBANGO	SAPIRANGA
UNISTALDA	GETÚLIO VARGAS	CAMPO BOM
BOSSOROCA	SÃO JOÃO DA URTIGA	CANOAS
TIMBAÚVA	SÃO MIGUEL	CACHOEIRINHA

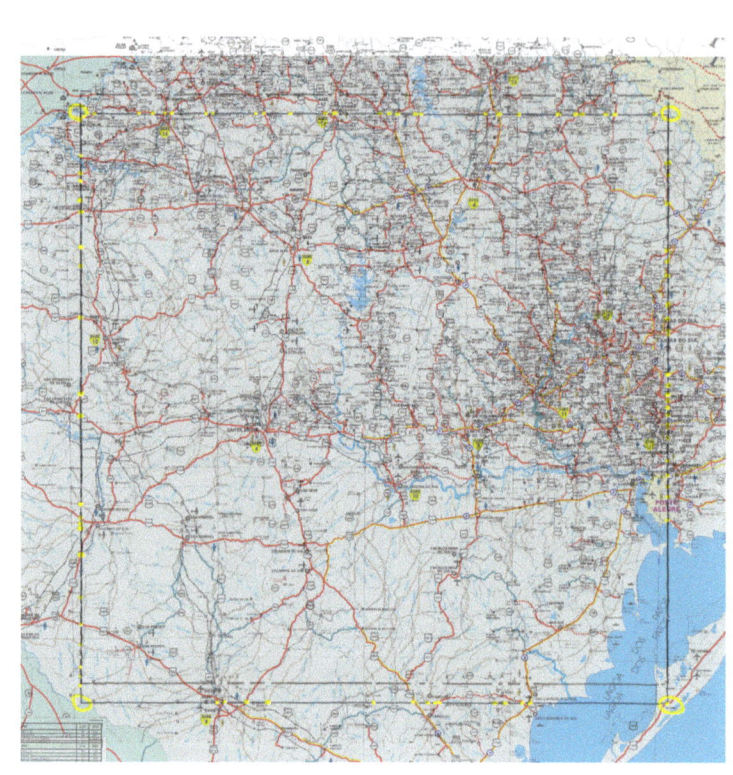

It begins with a square laid on a map, four corners connected by four lines imposed on a pre-existing cartography like a frame. I think of the artist walking, sailing, of his relationship with maps. His need for orientation, for grids that create boundaries and define a space. For an artist, it could be the blank space of a canvas where something, we don't know what, will appear.
Rio Grande do Sul: a large canvas. The artist, we're told, 'lives and works in Porto Alegre and London.' A navigating artist, perpetually finding his way between an island and a continent, between languages, cities, cultures. Between different points of the compass, South and North, freighted with all the previous journeys along that trajectory. Once, mapping was a way of subjugating savage peoples. Now? Here? Remapping has become intercultural translation. I see the traveller as a nomad moving along the four lines of his square, his self-made horizon, searching for the corners which touch the extreme outer edges, the borders of Rio Grande do Sul. One even crosses water. The four corners of the earth, straight as the crow flies. Lines of flight, points of arrival.
But when he draws the square, he doesn't know what he'll find at the point of arrival. That's because a line of flight is also an escape from knowledge and habit and accustomed ways of seeing. If you knew what you would find, it wouldn't be flight. You draw a line and what you find at the end of it is what you faithfully reproduce, without editing or censorship or exercising choice. It's a carefully plotted arbitrariness, with no origin or return, an unending line punctuated only by your own cartographic markers. So your panoramas are created out of specific moments which arise at hazard: whatever's there is what you bring back to show.

The borders of the square don't answer to any national or political boundaries, though these exist as a template to define the distance to be covered. Instead, they are spaces between places, liminal, where anything can happen. They deterritorialise the terrain, which the artist has to claim in other ways: By collecting the earth, handfuls of mud from each corner, stored and labelled and driven back to his studio in Porto Alegre. Mud as embodiment of place, the primal matter of creation. And along with the mud, the artist's body moves through space, following the line, on the line. The hands that will coax new meanings out of old matter. A nomad body, constantly in motion; an embodiment of its own artistic process.
In the studio, mud becomes paint, becomes paintings, punctuated by gold dots at carefully plotted intervals. Everything is both random and subject to computation. Isn't that like the earth itself? Like evolution? Creation emerging out of formlessness, because beneath it all there's a formula, a grand plan. An Intelligent Design?
Moving between modes of seeing and embodying, between abstract and concrete, the artist performs on our behalf the act of cultural translation which is the basis of our common perception of the world. It starts with a square and leads in as many directions as we care to follow, lines of flight that carry us away, that set us free.

Jane Bryce 2012

Tudo começa com um quadrado desenhado sobre um mapa, quatro cantos conectados por quatro linhas impostas, como uma moldura, sobre uma cartografia pré-existente. Penso no artista caminhando, velejando, penso na sua relação com os mapas. Sua necessidade de direção, de estruturas que criem limites e definam um espaço. Para um artista isso poderia ser o espaço em branco de uma tela onde algo, que não sabemos, vai surgir.

Rio Grande do Sul: uma grande tela. O artista, ficamos sabendo, "reside e trabalha em Porto Alegre e Londres". Um artista navegante, perpetuamente encontrando seu caminho entre uma ilha e um continente, entre línguas, cidades e culturas. Entre pontos diferentes da bússola, Sul e Norte, fretado com todas as viagens anteriores ao longo dessa trajetória. Outrora, traçar mapas era uma forma de subjugar selvagens. Agora? Aqui? Remapear tornou-se tradução intercultural. Eu vejo o viajante como um nômade movendo-se ao longo das quatro linhas do seu quadrado, do seu próprio horizonte, procurando pelos cantos que tocam as extremas arestas, as fronteiras do Rio Grande do Sul. Uma até cruza a água. Os quatro cantos do mundo, em linha reta. Linhas de fuga, pontos de chegada.

Mas quando ele desenha o quadrado, ele não sabe o que vai encontrar no ponto de chegada. Isso é porque uma linha de fuga é também uma fuga do conhecimento e costumes e do habitual modo de ver. Se você soubesse o que você iria encontrar, não seria uma fuga. Você desenha uma linha e o que você encontra ao seu final é o que você fielmente reproduz, sem edição ou censura ou escolhas. É um cuidadosa arbitrariedade planejada, sem origem ou retorno, uma linha sem fim, pontuada apenas por suas próprias marcas cartográficas. Assim, suas vistas são criadas a partir de momentos específicos que surgem ao acaso: o que está lá é o que você traz de volta para mostrar. As fronteiras do quadrado não respondem a qualquer fronteira nacional ou política, ainda que existam como um modelo para definir a distância a ser coberta. Pelo contrário, são espaços entre lugares, liminares, onde tudo pode acontecer. Elas desterritorializam o terreno, que o artista tem que reivindicar de outra forma; ao coletar terra, punhados de barro de cada canto, armazenados, etiquetados e levados para seu atelier em Porto Alegre. Barro como encarnação de um lugar, a matéria primordial da criação. E junto com o barro, o corpo do artista percorre o espaço, seguindo a linha, na linha. As mãos que irão extrair novos sentidos da velha matéria. Um corpo nômade, constantemente em movimento, uma personificação de seu próprio processo artístico.

No atelier o barro vira tinta, torna-se pintura, pontuada por pontos dourados a intervalos cuidadosamente planejados. Tudo é ao mesmo tempo aleatório e sujeito ao cálculo. Isso não é como a própria terra? Como a evolução? A criação emergindo sem forma, porque por baixo de tudo há uma fórmula, um grande plano. Um Projeto Inteligente?

Movendo-se entre os modos de ver e de materializar, entre abstrato e concreto, o artista realiza em nosso nome o ato de tradução cultural que é a base da nossa comum percepção do mundo. Tudo começa com um quadrado e leva a tantas direções quantas queremos seguir, linhas de fuga que nos transportam para longe, que nos libertam.

Jane Bryce 2012

Bookwork produced in August 2018

www.nickrands.com

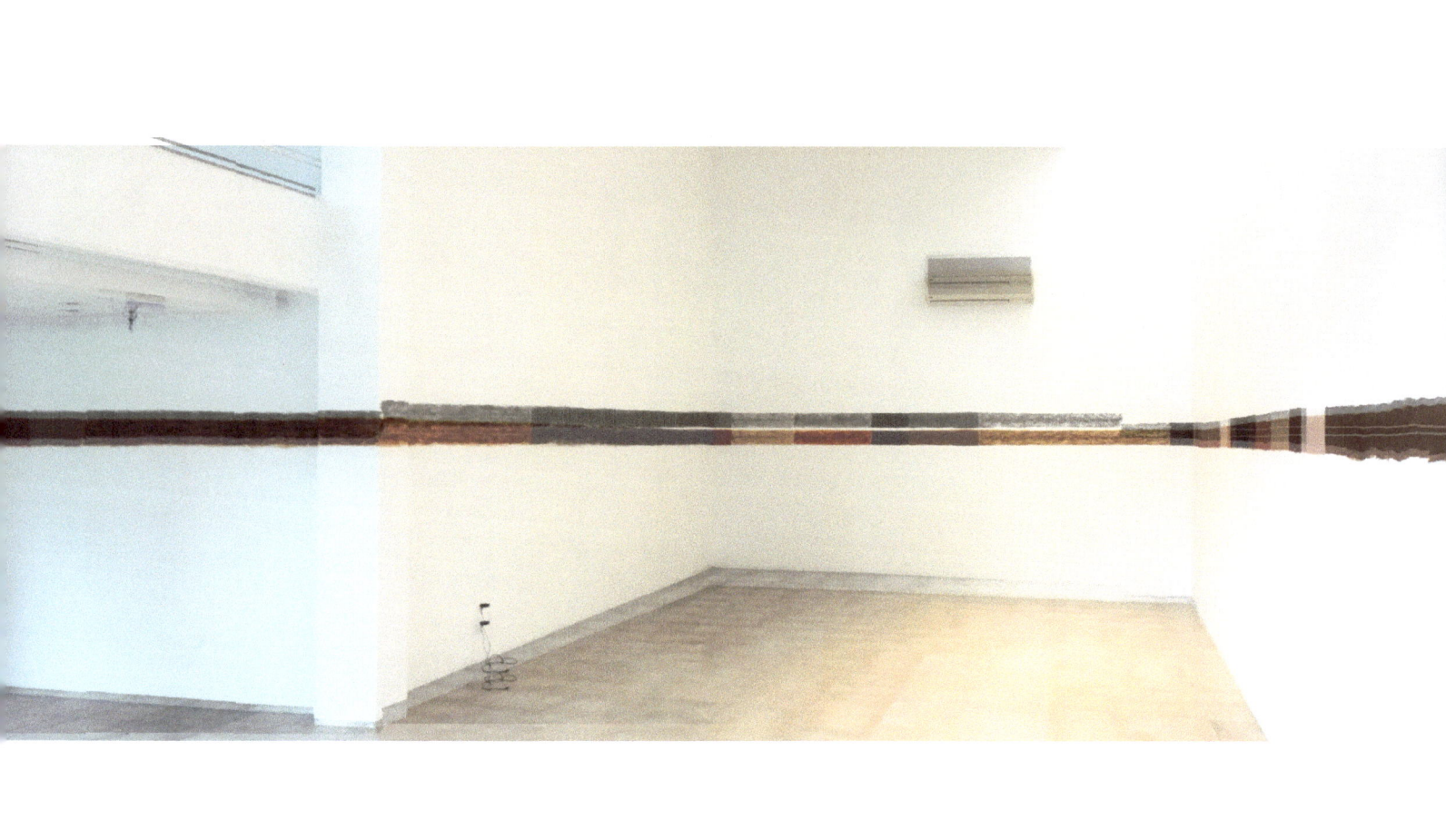

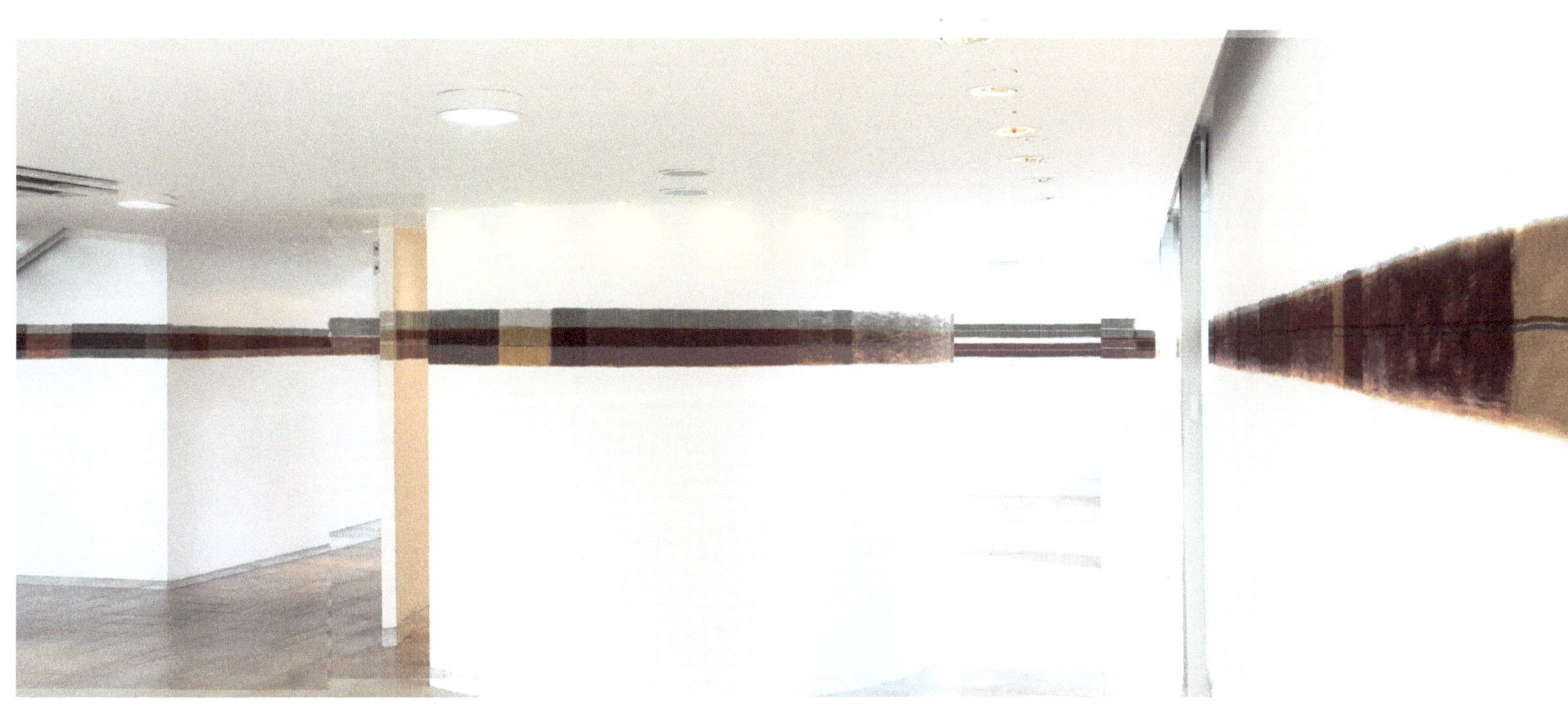